【文庫版】

D・カーネギー

人生論

山口博・香山晶【訳】

HOW TO ENJOY YOUR LIFE AND YOUR JOB

創元社

目次

PART 2

PART 3

装幀　鷺草デザイン事務所

まえがき

たいていの人は、それがどんな仕事であれ、人生の大半を働くことに費やします。それについて、立ち止まって考えてみたことがありますか？　つまり、日々の生活の中で悔いのない達成感と興奮に満たされるか、それとも欲求不満や倦怠感、疲労感に悩まされるかは、仕事への取り組み方によって決定されるのです。D・カーネギー・トレーニングは、常に自分の能力を最大限に発揮して、一日の労働から最上の充実感を得られるよう考案されたものです。

この本の内容をよくつかんで、人生や人間関係に対する取り組みをより深めるようにしてください。そして、自身に備わったさまざまな能力を徐々に高めていきましょう。自分では気づかなかった才能や能力が実際にどれだけ多く眠っているか、またそれらの能力を生かすことがどれほど愉快なことかを発見してください。

この本はデール・カーネギーの二大ベストセラー、『人を動かす』『道は開ける』両書から抜粋して再編したものです。カーネギー・コースの会員である人々に最もふさわしいと思われる部分を選びだしました。あなたは今よりもっと人生を充実させ、明確な目的を持って内に秘めた能力を最大限に活用したいと思いませんか？　この本が、その助けとなるでしょう。

D・カーネギー・トレーニングは、皆さんにとって自己発見のための冒険であり、人生における転回点ともなりうるでしょう。どんな人でも、すでに自身の内に隠れた力を持っていて、人生を栄光に満ちたものにすることができるのです。今あなたに必要なのは、ただその力を生かそうとする決意だけなのです。

ドロシー・カーネギー
（D・カーネギー夫人）

PART

1

平和と幸福をもたらす七つの方法

HOW TO
ENJOY
YOUR LIFE
AND
YOUR JOB

デール・カーネギーは『道は開ける』を書いて、
人生はまさに我々がつくり上げるとおりのものだと示した。
まずありのままの自分を受け入れ、
高い自己評価を謙虚に見直すこと。
さらに目標に到達するために必要なことを懸命にやれば、
思い悩んで時間を無駄にする必要はなくなり、
そうした困った性向を取り除くこともできるだろう。

1 自己を知り、自己に徹する

ノースカロライナ州マウント・エアリーに住むオールレッド夫人から次のような手紙をいただいた。「子供の頃、私は非常に神経質で、はにかみ屋でした。肥満児だった上に頬がふくれていたので、いっそう太って見えました。母は昔気質で、服装に気を遣うのは馬鹿げていると思い込んでいました。『大きい服は着られるけれど、小さい服は破けてしまう』が母の口癖であり、私の服装もその方針どおりでした。私は一度もパーティーへ行ったこともなく、楽しい思いをしたこともありません。学校へ通うようになってからも、皆と一緒に野外活動をしたり、運動をしたことさえなかったのです。私は病的なまでに内気で、自分は、他人とは『別』なのだ、嫌われ者なのだと決めていました。

私は成人してから少し年長の男と結婚したのですが、あまり変わりませんでした。夫の親戚には、物静かな自信家が揃っていました。彼らこそ、私がそうありたかった、けれどもそうはなれなかった人たちでした。何とか彼らのようになりたいと努力しましたが、私には不可能でした。彼らが私を自分の殻から引き出そうとすればするほど、私はその中に身を潜めてしまいました。私は神経質になり、いらいらしました。友達から逃げました。それが高じると、玄関のベルの音さえ怖がるようになりました！　私は出来損ないでした。自分ではそれがわかっていました。それが夫に気づかれないかと心配でした。それで他人の前では快活そうにふるまい、過度の演技をしました。自分の演技を承知していただけに、そのあとの何日間かはみじめな思いで過ごしました。とうとう不愉快でたまらなくなり、これ以上生きていても無駄なように思えてきて、自殺を考えるようになりました」

何がこの不幸な婦人の人生を変えたのだろうか？　それはふとした言葉であった！　オールレッド夫人の話は続く。

「ふとした言葉が私の人生を変えたのです。夫の母が、自分の子供たちをどのように育てたかという話をしながら、こんなことを言いました。『どんな場合でも自分らしくふるまうようにと強調してきたのよ』……『自分らしくふるまう』……この言葉がきっかけでした！　その瞬間に私は理解しました。今までの不幸の原因はすべて、順応できない型の中へ自分自身をはめ込もうとしていた点にあったのです。

私はその夜のうちに変身しました！　自分らしくふるまいはじめました。自分の個性というものを研究し、自分らしさを発見しようと努めました。自分の長所を考察し、色彩や体型について自分に適したものを学び、自分で似合うと思った服装をしました。積極的に友達をつくり、あるサークルに——最初はほんの小さなものだが——参加したのですが、自分の名前がはじめてプログラムに載った時にはびっくりしてしまいました。けれども、皆の前で話をするたびに私は少しずつ自信が持てるようになりました。長い道のりでしたが、今日では以前に想像できなかったほどの幸福感にひたっています。自分の子供を育てる際にも、いつも自分の苦しい体験から学んだ教訓を話して聞かせます。どんな場合でも、いつも自分らしくふるまうのよ！」

ジェイムズ・ゴードン・ギルキー博士によれば、自分らしくふるまうという問題は「歴史とともに古く、人間生活と同じように普遍的である」という。自分らしくふるまわないことこそ、さまざまな神経症・精神異常・感情抑圧の潜在原動力となっている。アンジェロ・パトリは子供の教育について十三冊の書物と数多くの新聞記事を著しているが、彼の持論によれば、「最も悲惨な人間は自分の肉体と精神を捨てて、別の人間や動物になりたいと願う人である」

この自分以外のものになりたいという憧れは、ハリウッドでことのほか蔓延している。ハリウッドの名監督であるサム・ウッドは、野心的な若い俳優たちに自分らしさを磨き上げるように教えることが、何よりも厄介な仕事だと述べている。彼らは揃ってラナ・ターナーの二流品、クラーク・ゲイブルの三流品になりたがる。「大衆はすでにあの妙味を知っている。今度は何か別の味を望んでいるのだ」。サム・ウッドは口を酸っぱくして彼らに説き続けているのである。

ウッドは、『チップス先生さようなら』『誰がために鐘は鳴る』などで映画監督をする前に何年か不動産売買で暮らしを立てていたので、セールスマンの勘どころは心得ている。彼はビジネスの世界にも、映画界にも同じ原理が当てはまると断言する。猿真似は通用しないのである。決してオウムになってはならない。サム・ウッドは言う。「私の経験によると、最も安全なやり方は、本来の自分でないものを装っている連中を、できるだけ早く首にすることである」

ポール・ボイントンは当時ある大手の石油会社の人事担当重役だったが、私は彼に就職希望者の犯す最大の誤りは何かと聞いてみたことがある。彼なら知っているに違いない。彼が面接した求職者は六万人を数え、『仕事を得るための六つの方法』という彼の著書もある。彼は次のように答えた。

「就職希望者の犯す最大の誤りは本来の自分ではなくなることだ。警戒心を解き、素直な態度をとるべきなのに、彼らはしばしば相手が望んでいると思う答えをする」。だが、これは何の効果もない。誰もまがいものなどを望んでいないからだ。偽金をほしがる人間がいるわけがない。

市電の運転手を父に持つ一人の娘は、苦労したあげくにこの教訓を学んだ。彼女は歌手を夢見ていたが、顔立ちはぱっとしなかった。口が大きすぎる上に、出っ歯であった。ニュージャージーのナイトクラブではじめて聴衆を前にして歌った時、上唇を引き下げて自分の歯を隠そうとした。「魅力を振りまく」つもりだったのだ。その結果は？　彼女は滑稽でしかなかった。結果は裏目と出たのだった。

しかし、このナイトクラブで彼女の歌を聞いて、その才能を見抜いた男がいた。彼は歯に衣を着せずに言った。「いいかい。僕は君の動作を眺めていて、君が何とかして隠そうとしているものがわかったよ。君は自分の歯が恥ずかしいんだろう！」。少女はどぎまぎしたが、男は続けて言った。「それがどうしたというんだ？　出っ歯だって別に悪いことではない。そんなものを隠す必要はないんだ！　口を大きく開けて歌ってごらん。お客さんは君の悪びれない態度を見て、君をかわいがってくれるだろう。それに、君が隠そうとしている歯のおかげで運が開けるかもしれないよ！」。男はこう言って、肩をすくめた。

キャス・ダーレイはその男の忠告に従って歯のことを気にかけなくなった。それ以後、彼女は聴衆のことのみに注意を払った。彼女は口を大きく開けて、歌唱力と楽しさを込めて歌いまくり、映画やラジオの一流スターとなった。今では彼女の真似をする喜劇役者さえある！

かの有名なウィリアム・ジェイムズが、普通人はその潜在的な知的能力の十パーセントしか発達させることができないと述べているのは、自分自身を発見し得ない人々についての説である。彼はこう書いている。「我々は本来あるべき姿にくらべると、ようやく半分だけ目覚めた状態にすぎない。我々が利用しているのは、肉体的にも精神的にも、自分の資質のごくわずかな部分だけだ。大雑把な言い方をすれば、人間は自分の限界のはるか手前のところで生活している。彼は種々雑多な力を有しながら、いつも決まってそれを発揮できない」

　皆さんも私も、このような能力を持っている。だから、自分が他人と違うからといって一瞬にもせよ悲観することはない。あなたはこの世の新しい存在なのだ。人類が誕生して以来、あなたと瓜二つの人間はいなかったし、将来どんな時代が訪れようと、あなたとまったく同じ人間が現われることはないだろう。遺伝子科学の教えによれば、あなたという存在は父親から与えられた二十三の染色体と、母親から与えられた二十三の染色体が結合した結果にほかならない。これら四十六個の染色体の中には、あなたが受け継いだ資質を決定するすべてが含まれている。染色体の一つ一つには「数十ないし数百の遺伝子があり、時にはたった一つの遺伝子によってさえ個人の全生涯が変わることもある」とアムラム・シャインフェルドは言っている。まさに私たちは「恐ろしいと同時に素晴らしい」産物なのである。

　あなたの両親が出会って連れ添うようになったあとでさえ、あなたという特定な人間が生まれる確率は三百兆分の一ぐらいでしかない！　言い換えると、仮にも三百兆もの兄弟姉妹がいたとしても、皆それぞれあなたとは違っているだろう。これは当て推量だろうか？そうではない。科学的な事実である。もっと詳しく知りたければ、アムラム・シャインフェルドの『あなたと遺伝』という本を読むとよい。

　自分らしくふるまえという問題については、私は確信を持って話すことができる。私自身が痛感していることだからだ。私は自分が何を言っているかよくわかっている。苦い経験と高い授業料のおかげでわかったのだ。一例を挙げよう。私はミズーリのトウモロコシ畑からはじめてニューヨークへ出てきて、「アメリカ演劇専門学校」に通った。俳優志望だったのだ。これくらい簡単明瞭で、しかも確実な成功への近道はないと考えていた。なぜ野心を抱く多くの青年たちがそれに気づかないのか、不思議で仕方がなかった。私の計画はこうだった。まず当代の名優ジョン・ドルー、ウォルター・ハムデン、オーティス・スキナーたちがどのようにして自分の芸を身につけたかを研究する。次に彼ら一人一人の長所を真似すれば、華麗な名人芸をすべて総合した自分が出来上がるはずであった。何という愚かさであろう。これこそ愚の骨頂というものだ！　こうして私のようなミズーリ生まれの石頭が、自分自身に立ち返り、他人になんか絶対になれるわけがないということを痛切に感じるまで、他人を真似ながら何年かを浪費したのであった。

この悲痛な経験から当然、忘れられない教訓を学ぶべきであった。だが、そうではなかった。何という鈍感さであろう。また再び同じことを学ばなくてはならなかった。それから数年して、ビジネスマンのために話し方の本を書こうと思い立った私は、これが今までに例を見ない名著になると勝手に決め込んでしまった。私はこの本の執筆に際して、かつて演劇で犯したものと同じ愚行を繰り返したのだ。私はさまざまの著述家たちのアイディアを借用して、それを一冊の本に盛り込もうとした――いわば、すべてを網羅した本だった。そこで話術に関する本を数十冊も買い求め、それらのアイディアを、一年がかりで原稿の形にまとめた。けれども、やがて私は自分の愚行をまたしても思い知らされた。私がつくった他人のアイディアの寄せ集めは不自然で面白みがなく、ビジネスマンに読んでもらえそうになかった。そこで私は、一年間の労作を屑籠に投げ込み、新しく一から出直した。今度は自分にこう言い聞かせた。「お前は欠点や限界もそっくり含んだデール・カーネギーになりきるのだ。お前は自分以外の者になれるわけがない」。こうして他人の合成物になることを断念した私は、奮起一番、最初から実行すべきであったことに着手した。自分自身の経験や観察、人前で話した時や話術を教えた時の自信に基づいて、話し方についてのテキストを書き上げたのである。私が学び取って、いつも心の糧としている教訓は、サー・ウォルター・ローリー（女王が歩きやすいように自分のコートをぬかるみに投げ出した、かの風流人のことではない。一九〇四年にオックスフォード大学の英文学教授となった同姓同名の人である）が学んだのと同じものだった。「私にはシェイクスピアに匹敵する分厚い本を書くことはできないが、私ならではの本を書くことはできる」と彼は述べている。

自分らしくふるまおう。アーヴィング・バーリンがジョージ・ガーシュインに与えた忠告に基づいて行動しよう。

はじめて二人が出会った時、バーリンの名前はすでに売れていたが、ガーシュインは貧乏芸術家のたまり場で週給三十五ドルの生活にあえいでいる駆け出しの作曲家であった。バーリンはガーシュインの才能にほれ込み、自分の音楽秘書になってくれれば今までの給料の三倍を払ってもよいと申し出た。「しかし、この仕事を引き受けないほうがいいよ」とバーリンは忠告した。「引き受けたら、君はバーリンの二流品で終わるかもしれない。だが、君が自分らしさを守り通せば、いつかはきっと一流品のガーシュインになるだろう」

ガーシュインはこの忠告を心に刻んで、自分の個性に徹することに努め、世界的作曲家となった。

チャーリー・チャップリン、ウィル・ロジャース、メアリー・マーガレット・マクブライド、ジーン・オートリー、その他無数の人々が学ばねばならなかったものも、私が本章で強調している教訓にほかならない。彼らだって私に劣らず苦しい道のりを克服して学んだのであった。

チャーリー・チャップリンがはじめて映画製作に乗り出した時、映画監督を委任された人々は、申し合わせたようにチャップリンに対して、当時人気を博していたドイツの喜劇役者の真似をすべきだと主張した。しかしチャーリー・チャップリンが認められるようになったのは、彼ならではの演技をした時からだった。

ボブ・ホープも同じような経験をした。何年か歌と踊りを組み合わせた芝居をしていたが、結局は徒労に終わり、そのあとで彼ならではの警句漫談をはじめたのである。

ウィル・ロジャースの軽喜劇といえば、初期の頃は無言でロープをひねくりまわすだけだった。彼が成功したのは、ユーモアに対する生まれながらの独特な持ち味を自分で発見したためであり、ロープを操る時におしゃべりを織り込んだからであった。

メアリー・マーガレット・マクブライドがはじめてラジオに出演した時、アイルランド系の喜劇役者を装ってみたけれども結果は失敗であった。彼女がありのままの自分、つまりミズーリの田舎娘になりきってはじめてニューヨークにおける最も人気あるラジオ・スターの仲間入りをすることになった。

ジーン・オートリーがテキサス訛りを出さないように努め、都会育ちのような身なりをしながら自分はニューヨーク生まれだと声を張り上げると、人々は陰で冷笑した。だが彼がバンジョーを抱えて、カウボーイの歌を歌いはじめた時から出世街道が開け、ついに映画やラジオでは世界一の人気者カウボーイとなったのである。

皆さんはこの世で何かしら新しさを持っている。それを喜ぶべきだ。自然が与えてくれたものを最大限に活用すべきである。結局のところ、すべての芸術は自叙伝的なのである。あなたに歌えるのは、今のあなたの姿であり、あなたに描けるのは、今のあなたそのものなのだ。あなたは、あなたの経験や環境や遺伝子がつくり上げた作品であるべきだ。良くも悪くも、あなたは自分の小さな庭を育てねばならない。良くも悪くも、人生というオーケストラの中で、あなたは自分の小さな楽器を演奏しなければならないのだ。

エマーソンは『自己信頼』というエッセイの中でこう述べている。「誰でも教育を受けている過程で嫉妬は無知であり、模倣は自殺行為にほかならないという確信に達する時期がある。それは、良かれ悪しかれ人間は自分を天与の運命とみなすべきだという確信であり、広大な宇宙には優れたものが数々あるが、人の糧となる穀物の種は、割り当てられた一区切りの土地に自分の労苦をそそいではじめて得られるのだという確信でもある。人間の中に潜む力はもともと新鮮である。自分に何ができるかを知っている人間は自分以外にないが、自分でさえ試みるまではわからない」

これは、エマーソン流の表現だ。詩人のダグラス・マロック流に表現するとこうなる。

丘の上の松が無理ならば
谷あいの低木になれ。――だが、
小川のほとりにある最も美しい低木に。

木になれないのなら、藪《やぶ》になれ。
藪が無理ならば、一握りの草になれ。
そして、大通りを楽しくしてやれ。
カワカマスが無理ならばバスでよい。
――だが、湖の中で最も生きのよいバスに！

我々は皆が船長にはなれない。水夫になる者もいよう。
一人一人に何かすることがある。
大きな仕事もあれば、小さな仕事もあろう。
そして、しなければならない務めは手近にある。

大通りが無理ならば、ほんの小路でもよい。
太陽が無理ならば、星になれ。
成功と失敗を分けるのは大きさではない。
何になろうと最上のものになれ！

私たちを悩みから解放し、平和と自由をもたらす心構えを養うために、第五の鉄則に従おう。

悩みを追い払う原則

他人の真似をするな。自己を発見し、自己に徹しよう。

2 疲労と悩みを予防する四つの習慣

勤務中の習慣その一――当面の問題に関係のある書類以外は全部机上から片づけよう。

シカゴ・ノースウェスタン鉄道会社社長ローランド・L・ウィリアムズは言っている。「いろいろな書類を、机上に山のように積み上げている人間がいるが、今すぐ必要としないものを全部片づけてしまったら、もっと容易に、正確に仕事ができることがわかるだろう。私はこれを上手な家政と呼んでいる。これこそ能率向上の第一歩だ」

ワシントンの国会図書館の天井には、詩人ポープの「秩序は天の第一の法則である」という句が記されている。

秩序は仕事の第一の法則でもあるべきだ。実際はどうか？　たいていのビジネスマンの机上には何週間も見ていないと思われる書類が散らかっている。ニューオーリンズのある新聞発行人から聞いた話だが、秘書が彼の机の一つを片づけたところ、二年前に紛失したタイプライターが出てきたという。

返事を出していない手紙、報告、メモが散らかっている机は、一見しただけでも混乱・緊張・悩みを引き起こすに十分である。もっと始末の悪いことがある。それは「処理すべきことは無数にあるのに、それを処理する時間がない」という思いに絶えず駆り立てられて、あなたを緊張と疲労に追いやるだけでなく、高血圧・心臓病・胃潰瘍の不安まで与えるのだ。

ペンシルバニア大学医学部大学院教授ジョン・H・ストークス博士は、かつてアメリカ医学協会で「臓器の疾患に併発する機能的ノイローゼ」と題する研究報告をしたが、その中の「患者の精神状態のどんな点を調べるべきか」という項で十一の条件を挙げている。その第一項目は次のとおりである。

「しなければならぬという観念または義務感。処理しなければならない仕事がいつまでたっても目前に山積しているという緊張感」

しかし、机上を整理したり、決断を下したりというような初歩的な方法で、高血圧や義務感、「処理しなければならない仕事がいつまでも目前に山積している緊張感」などを防止できるのだろうか？　有名な精神分析医ウィリアム・サドラー博士は、こんな簡単なやり方で神経衰弱を防止できた一患者の話を聞かせてくれた。その男はシカゴの大会社の重役だったが、サドラー博士のところに来た時には、緊張のあまり神経を高ぶらせており、思い悩んでいた。彼自身も自分が空中分解する寸前にあることを知っていたが、仕事を離れるわけにはいかなかった。それで医師の助けを求めたのだ。

サドラー博士はこう述べた。「この男が話をしている時に、電話のベルが鳴りました。病院からの電話でした。私はその用事について即座に決断しました。できるだけその場で処理すること、これが私の方針でした。それが終わると、すぐまた電話がかかってきました。緊急を要する問題だったので、しばらく電話口で話しました。三度目の中断が生じたのは、私の同僚がやってきて、重体の患者の処置について私の意見を求めた時でした。その用事が済んで客のところに戻り、お待たせして済みませんでしたと謝りました。ところが、彼の顔は晴れ晴れとしているではありませんか。それまでの顔つきとは雲泥の差がありました」

「いや、どういたしまして、先生！」。この男はサドラー博士に言った。「この十分間に、私は自分の誤っていた点がわかったような気がします。事務所へ戻ったら、仕事の習慣を変えます……その前に先生、失礼ですが、机の中を見せていただけませんか？」

サドラー博士は机の引き出しを開けた。事務用品を除けば、まったく空っぽだった。「未処理の仕事はどこにしまっておられますか？」と患者は聞いた。

「全部処理済みです」とサドラー博士は答えた。

「返事を出していない手紙などは？」

「一通もありません。私は手紙の返事をすぐ出すように心がけています。その場で口述したものを秘書に処理させるのです」

六週間後、この重役はサドラー博士を彼の事務所に招待した。彼は変わっていた――そして彼の机も同様だった。彼は机の引き出しを開けて、そこに未処理の仕事が何もないことを示した。重役は言った。

「六週間前、私は二つの事務室に三つの机を持っていました。そこには未処理の仕事が詰まっていました。仕事が片づいたためしはありませんでした。あなたとお話ししてから、ここへ戻ってきて、報告書や書類を残らず処分してしまいました。今の私は一つの机で仕事し、仕事がくればすぐに処理してしまうので、滞った未処理の仕事を気にして、緊張したり、悩んだりすることはまったくありません。しかし、最大の驚きは私が完全に回復したことです。今はどこも悪いところはありません！」

アメリカ最高裁判所長官だったチャールズ・エヴァンズ・ヒューズは言った。「人間は過労が原因で死にはしない。浪費と悩みが原因で死ぬのだ」。そのとおり、エネルギーの浪費と、仕事が思うようにはかどらないための悩みが原因なのだ。

勤務中の習慣その二――重要性に応じて物事を処理すること。

シティー・サービス・カンパニーの創立者ヘンリー・L・ドハーティーに言わせると、いくら多額の給料をはずんだとしても、ほとんど見つけることのできない才能が二つある。このきわめて貴重な能力とは、一つは考える能力、もう一つは重要性に応じて物事を処理していく能力である。

チャールズ・ラックマンといえば、一文なしから十二年間でペプソデント社の社長に出世した男で、年俸は数千万ドル、他に数百万ドルの収入があるが、彼の言うところによれば、彼が成功したのはヘンリー・L・ドハーティーがほとんど発見できないと述べた二つの才能を伸ばしたためであるという。チャールズ・ラックマンはこう言っている。「いつ頃からか知らないが、私は朝五時に起きることにしている。なぜなら、早朝のほうがよく考えられるからだ。慎重に一日の計画を練り、重要性に応じて物事を処理する予定を立てるには早朝に限る」

アメリカで最も成功した保険外交員の一人フランクリン・ベトガーは、一日の計画を立てるのに朝の五時まで待たない。彼は前の晩にそれをつくるのである。つまり、翌日獲得すべき保険の目標額を決めるのだ。もし目標を達成できなければ、その分だけさらに翌日の目標額が加算されることになる。

私は長い間の経験から、人間は必ずしも物事をその重要性に応じて処理し得ないことを知っている。しかし、また一番重要な事柄を最初に処理するように計画するほうが、行き当たりばったりのやり方よりも、はるかに良いことも知っている。

もしジョージ・バーナード・ショーが、一番重要な事柄を最初に処理するという厳しい原則を守っていなかったら、おそらく彼は作家として失敗していたであろうし、一生を通じて銀行員で終わったかもしれない。彼の日課は必ず五ページ書くことであった。この計画に従って、彼は失意の九年間も——その九年間の所得は全部でたったの三十ドル、一日当たり一ペニーにすぎなかったのだが——ひたすら五ページずつ書き続けた。ロビンソン・クルーソーでさえ、毎日のスケジュールを一時間刻みでつくったではないか。

勤務中の習慣その三——問題に直面した時、決断に必要な事実を握っているのだったら、即刻その場で解決すること。決断を延期してはならない。

私のクラスの受講生であったH・P・ハウエルはこんな話をしてくれた。彼がUSスチールの取締役だった時、取締役会はいつも長時間にわたり、多数の議案が審議されたが、大部分は未解決のまま持ち越しとなった。その結果、各取締役はたくさんの報告書を家へ持ち帰らなくてはならなかった。

ついにハウエル氏は各取締役を説得して、一度に一議案を取り上げて結論を得ることにした。延期、持ち越しを許さないのである。補足説明を求めるにしても、何らかの手を打つにしても打たないにしても、とにかくそれを決定してからでなくては、次の議案に移らないことにしたのだ。その結果は実に素晴らしいものだった。予定表はきちんと処理され、行事日程表はきれいになり、報告書を家に持ち帰る必要もなくなった。もはや未解決の問題で頭を悩まさなくてもよくなったのである。

結構なルールだ。USスチールの取締役会にとってばかりでなく、誰にとっても。

勤務中の習慣その四――組織化、代理化、管理化することを学ぼう。

多くの実業家は責務を他人に代行させることを知らず、すべてを自分自身でやろうとして、まだそれほどの年でもないのに自分を死に追いつめている。些細なことと混乱に圧倒され、焦燥・悩み・不安・緊張に追いつめられた結果なのだ。責任を委任することを学ぶ難しさについては、私も知っている。経験上、不適格な人に権限を委譲したことから起こる弊害についても知っている。確かに権限の委譲は難しいけれども、取締役たちが悩み・緊張・疲労を免れたいのだったら、それを実行しなくてはならない。

大事業を打ち立てた人で、組織化、代理化、管理化することを学ばぬ人は、五十歳か六十歳の初期に心臓病でぽっくり死ぬであろう。実例を示せ？　毎日の新聞の死亡記事を見ればよかろう。

疲労と悩みを予防する原則

勤務中の四つの習慣を身につけよう。

a　当面の問題に関係のある書類以外は全部机上から片づけよう。
b　重要性に応じて物事を処理すること。
c　問題に直面した時、決断に必要な事実を握っているのだったら、即刻その場で解決すること。
d　組織化、代理化、管理化することを学ぼう。

3 疲れの原因とその対策

ここに驚異的かつ意義深い事実がある。精神的作業だけでは人間は疲れないというのだ。馬鹿馬鹿しいと思われるかもしれない。しかし、数年前に科学者たちは、人間の頭が疲労せずにどれだけ長時間働くことができるか、それを発見しようと試みた。驚いたことに、脳を通過する血液は活動中は全然疲れを見せないということを彼らは発見した。作業中の日雇労働者の血液から採取した血には、疲労毒素や疲労生成物が満ちているが、アルバート・アインシュタインの脳から一滴の血を取り出したとすると、それが一日の終わりであっても疲労毒素は見られないというのだ。

脳に関する限り、八時間あるいは十二時間の活動後でも、最初と同じくらい活発に働くことができるのである。脳は全然疲れを知らない……では、何が人間を疲れさせるのか？精神分析医の断言によれば、疲労の大部分は精神的そして情緒的態度に起因している。イギリスの有名な精神分析医J・A・ハドフィールドは『力の心理学』という著書の中で「我々を悩ます疲労の大部分は精神的原因からきている。純粋に肉体的原因で消耗する例は実にまれである」と述べている。

アメリカで最も優れた精神分析医の一人であるA・A・ブリル博士はこれを一歩進めて、「健康な座業労働者の疲労の原因は、百パーセントが心理的要素すなわち情緒的要素である」と断言している。

どんな種類の情緒的要素が座業労働者を疲れさせるのであろうか？　喜び？　満足？決してそうではない。退屈、恨み、正当に評価されていないという気持ち、無力感、焦燥、不安、悩み――これらの情緒的要素が座業労働者を疲れさせ、かぜの原因となり、生産を低下させ、神経性の頭痛とともに家に送り返す結果になるのである。私たちは、自分の感情が体の中で生み出した精神的緊張のために疲労するのだ。

メトロポリタン生命保険会社は、疲労に関する小冊子の中で、この事実を指摘している。「激しい仕事そのものからの疲労は、たいていの場合、十分な睡眠や休息によって回復します……悩み、緊張、感情の混乱こそ疲労の三大原因です。しばしば肉体的あるいは精神的労働に起因しているように思われる場合でも、それらが原因となっていることが少なくありません……筋肉が緊張すれば、筋肉が働いているということを忘れてはいけません。まず、くつろぐことです！　大切な責務のためにエネルギーを蓄積しましょう」

ここでちょっと本書を離れて、自分自身で検討していただきたい。こうして本書を読んでいく時、あなたは顔をしかめていないだろうか？　目と目の間に、ある種の緊張を感じないか？　ゆったりと椅子に腰を下ろしているか？　肩をいからせてはいないか？　顔をこわばらせてはいないか？　もし全身が布製の古い人形のように柔軟な状態でなかったら、あなたはこの瞬間に、神経性の緊張と筋肉の緊張とを生み出しているのだ。皆さんは神経性の緊張と神経性の疲労とを生み出しているのだ！

精神的労働をすることによって、こんな不要な緊張が生じるのは、なぜだろうか？　ダニエル・W・ジョスリンは「ほとんどの人は、困難な仕事は努力する気持ちがなければうまくいかないと信じ込んでおり、このことが大きな障害となっている」と述べている。そこで、私たちは精神を集中する時に顔をしかめ、肩をいからせ、努力という動作をするために筋肉に力を入れるが、それは全然私たちの脳の働きを助けてはいない。

驚くほど痛ましい真実がある。それは、金銭を浪費しようなどとは夢にも考えない多数の人々が、酔っ払い水夫のようにめちゃくちゃに自分たちのエネルギーを浪費しているということだ。

この神経性の疲労に対する対策は何か？　休息、休息、休息！　仕事をしながら休息する術を覚えることだ！

簡単なことだろうか？　いや、たぶん一生の習慣を転換しなくてはなるまい。しかし、努力する価値はある。それによって、あなたの人生に一大革命がもたらされるかもしれないのだから。ウィリアム・ジェイムズは『休養の福音』と題するエッセイの中で次のように述べている。「アメリカ人の緊張過多、気まぐれ、息切れ、強烈さ、苦しそうな表情……これらは実に悪い習慣であって、まったく意味のないことだ」。緊張は習慣である。休息も習慣である。悪い習慣は打破することができるし、良い習慣は身につけることができる。

どのようにしてリラックスするか？　心からはじめるのか、それとも神経からはじめるのか？　どちらからでもない。どんな時でも、まず最初に筋肉をリラックスさせることだ！

では、試してみよう。やり方をわかってもらうために、まず目からはじめることにしよう。この一節を読み終える。おしまいまで読んだら、目を閉じる。そして静かに目に言ってやるのだ。「休め、休め。緊張をほぐせ。しかめっ面はやめろ。休め、休め」。一分間、静かに何回もこう言い続けることだ。

二、三秒後には、目の筋肉がそれに従いはじめたのに気づかなかったか？　誰かの手で緊張がぬぐい去られたように感じなかったか？　信じられないかもしれないが、あなたはこの一分間に、リラックスする技術のあらゆる鍵と秘訣とを会得したのだ。あご、顔の筋肉、首、肩、全身についても同じことが当てはまる。しかし、最も重要な器官は目である。シカゴ大学のエドマンド・ジェイコブソン博士は、もし目の筋肉を完全にリラックスさせることができたら、人間はあらゆる悩みを忘れるだろうとまで言っている。なぜ目の神経の緊張を取り除くことがそれほどまでに大切かというと、全身で消費している神経エネルギーの四分の一は、目が消費しているからだ。視力の完全な多くの人々が「眼精疲労」に悩まされる理由もここにある。彼らは目を緊張させているからだ。

有名な小説家ヴィッキー・ボームは、子供の時に一人の老人から実に貴重な教訓を受けたと話している。彼女は転んでひざと手首に怪我をした。元サーカスの道化役だったその老人は、彼女を助け起こし、泥を払い落としてくれてから、こう言った。「あんたが怪我をしたのは、体を楽にする方法を知らんからだよ。古いよれよれの靴下のようにやわらかにしていなくてはいけないんだ。おいで、おじさんがやり方を見せてあげよう」

その老人は彼女や他の子供たちの前で、倒れ方や、とんぼ返りのやり方、逆立ちなどをして見せた。そして「自分をよれよれの古い靴下だと考えるんだよ。そうすれば、いつも楽にしていられるよ」と言い聞かせた。

あなたは、いつ何時《なんどき》でも、どこにいても、リラックスすることができる。しかし、リラックスしようと努力してはならない。くつろぎの状態とは、あらゆる緊張や努力が消え去ることである。気持ちを楽にして、くつろぐことを考えてほしい。まず目と顔の筋肉を休めることからはじめ、「休め……休め……くつろぐのだ」と繰り返そう。そうすれば、エネルギーが顔面の筋肉から体の中心部へと流れていくのがわかるだろう。そして赤ん坊のように、緊張から解放されている状態を思い浮かべてほしい。

大ソプラノ歌手ガリ・クルチも、これと同じことを実行していた。ヘレン・ジェプソンは、開演前によくガリ・クルチと会ったが、彼女は椅子にぐったりと腰を下ろし、下あごをだらりとたるませていたという。素晴らしい習慣！　これが舞台に上がる前の彼女の神経をほぐしていた、つまり疲れを防いでいたのだ。

次にリラックスする方法を学ぶ際に役立つ四つの提案を紹介しよう。

一、いつでもリラックスしていること。体を古い靴下のように、しなやかにしておこう。私は古ぼけた栗色の靴下の片方を机の上に置いておく――常にしなやかにしていることを忘れないためだ。靴下がなければ猫でもよかろう。日なたで眠っている子猫をつまみ上げたことがあるだろう。そうすると前後の足はまるで濡れた新聞紙のようにだらりと垂れ下がる。インドのヨガの行者も、くつろぐ技術を修得するには猫を見習えと言っている。今までに私は、疲れた猫、神経衰弱にかかった猫、不眠症・悩み・胃潰瘍にかかっている猫を見たことがない。あなたが猫のようにリラックスする方法を知ったら、きっとこれらの災難を免れることができよう。

二、できるだけ楽な姿勢で働くこと。体の緊張は肩のこりと神経疲労を引き起こすという点を忘れないこと。

三、一日に四、五回は自分を点検してみること。「私は実際以上に余計な労働をしてはいないだろうか？　私はこの仕事と関係のない筋肉を使っていないだろうか？」と自問するのだ。これは、くつろぐ習慣を身につけるのに役立つに違いない。デイヴィッド・ハロルド・フィンク博士は「心理学を会得している人々のうち、二人に一人は習慣として身につけている」と述べている。

四、一日の終わりに再び自問してみる。「私はどれだけ疲れているのか？　もし疲れているのなら、それは精神的労働に従事したためではなく、そのやり方のためだ」。ダニエル・W・ジョスリンは言っている。「私は仕事の成果をはかるのに、一日の終わりにどれだけ疲れているかではなく、どれだけ疲れていないかを基準にする。一日の終わりにひどく疲れを感じたり、いらいらして神経が疲れているなと感じる時は、量的にも質的にも仕事の効果の上がらなかった日であったことを知る」。もしアメリカの全実業家が同じ教訓を学ぶなら、高血圧症による死亡率は一夜にして激減するだろう。また疲労や悩みに打ちひしがれた人々で、療養所や精神科病院が満員になることもなくなるだろう。

疲れを追い払う原則

仕事中にくつろぐことを学ぼう。

4 疲労や悩みの原因となる倦怠を追い払うには

疲労の主な原因の一つは倦怠である。それを説明するために、アリスというOLの例を取り上げてみよう。ある晩、アリスは疲れ切って帰宅した。彼女は疲れているように見えた。彼女は本当に疲れていた。頭痛がしたし、背中も痛かった。彼女は夕飯を抜きにして、すぐベッドにもぐり込みたかったが、母親の言葉に負けて食卓についた。電話のベルが鳴った。彼女のボーイフレンドからだった！　ダンスへの招待だった！　彼女の目は輝き、たちまち元気になった。彼女は二階へ駆け上がって服を着替え、明け方の三時頃まで踊った。そして家へ帰ってきた時、少しも疲れてはいなかった。事実彼女は、あまりにもうきうきして眠れなかったほどである。

アリスは、八時間前には疲れ果てているように見えたが、いったい本当に疲れていたのだろうか？　確かに疲れていた。彼女は自分の仕事にくさくさしていた。おそらく人生に飽きていた。アリスのような人が何百万人といるはずだ。あなたもその一人かもしれない。

疲労感が生じる場合には、肉体の消耗よりも、人間の心理状態に密接な関係があるというのは周知の事実である。数年前にジョセフ・E・バーマックは『心理学の記録』という著書で、倦怠が疲労の原因となることを実証する報告を発表した。彼は一群の学生に、およそ興味を呼ばないようなテストをやらせた。結果は？　学生たちは疲労し、眠気を催し、頭痛・眼精疲労などを訴え、いら立たしい気持ちになった。なかには胃に変調を来した者さえあった。これらは皆「仮病」だったのだろうか？　そうではない。これらの学生に対して新陳代謝テストを行なった結果、倦怠を感じると人体の血圧と酸素の消費量が実際に減少し、仕事に興味と喜びを感じはじめると新陳代謝がたちまち促進されることがわかった。

人間は心をはずませながら何か興味深いことをしていると、めったに疲れない。たとえば、私は最近ルイーズ湖畔のカナディアン・ロッキーで休暇を過ごした。私は数日、コラル・クリークに沿ってマス釣りをしながら、身の丈よりも高い藪《やぶ》を押し分けたり、木の根につまずいたり、倒木の下をくぐり抜けたりしたが、これを八時間続けたあとでもへとへとにはならなかった。なぜだろう？　興奮し、心が躍っていたからだ。私はこのうえもない成功感にひたっていた。大きなマスを六尾も釣り上げたからだ。しかし仮に私が魚釣りに退屈したとしたら、どんな気持ちになっただろう？　海抜二千百メートルの高地での激しい作業に疲れ切ってしまったに違いない。

登山のように激しい活動においてさえも、肉体の酷使よりも退屈のほうが人間を疲労させる。たとえば、ミネアポリスの銀行家S・H・キングマン氏は、この事実を完全に裏づける話をしてくれた。一九五三年七月、カナダ政府はカナダ山岳会に対して「プリンス・オブ・ウェールズ・レンジャー部隊」の山岳訓練に必要なガイドを集めてほしいと要請した。キングマン氏はこのガイドの一人に選ばれた。かくて四十二歳から五十九歳までのガイドたちは、若い軍人を引率して氷河を渡り、雪原を横切り、ロープと小さな足場や手がかりを頼りに十二メートルもある断崖を登った。彼らは小ヨホ渓谷にあるいくつかのピークにもよじ登った。こうして(その前に六週間の特別訓練を終えたばかりで)元気はつらつとしていた若者たちも、十五時間に及ぶ登山のあとでは、へとへとに疲れてしまった。

彼らの疲労は、特別訓練で十分に筋肉を鍛えておかなかったために生じたのであろうか? 激しい特別訓練を経てきた若者たちは、こんな愚問を嘲笑するに違いない! 彼らは登山に退屈したから疲労したのだ。彼らは疲労の極に達していて、食事もせずに寝てしまった者も少なくなかった。しかし隊員たちより二倍も三倍も年長のガイドたちは? 彼らも疲れはしたが、疲労困憊とまではいかなかった。ガイドたちは夕食をとり、何時間か起きていて、その日の経験について語り合った。彼らがのびてしまわなかったのは、登山に興味を持っていたからである。

コロンビア大学のエドワード・ソーンダイク博士は、疲労に関する実験を行なっていた時、何人かの青年に絶えず興味を抱かせるようにしながら約一週間も眠らせないでおいた。

その結果、博士は「倦怠こそ能率低下の唯一の原因である」と報告したという。

あなたが頭脳労働者であるなら、仕事の量で疲れるということはないはずだ。むしろ、自分が処理し切れない仕事の量で疲れるかもしれない。たとえば先週の一日、ひっきりなしに仕事の邪魔をされたことを思い出してみるがいい。返事の手紙は出していない。約束は破った。問題があちこちに起こって、あの日は何もかもうまくいかなかった。何一つ片づいたわけではない。それなのにへとへとに疲れて帰宅した――割れそうな頭を抱えて。

次の日は、あらゆることが都合よく運んだ。前日の四十倍もいろいろなことが片づいた。しかもあなたは、純白のクチナシのように新鮮な気持ちで帰宅した。そんな経験があるはずだ。私にもある。

学ぶべき教訓は？　次のようなことだ。私たちの疲労は仕事によって生じたのではなく、悩み・挫折・後悔が原因となっていることが多い。

本章を執筆中に、私はジェローム・カーンの楽しいミュージカル・コメディー『ショウ・ボート』の再演を見にいった。「コットン・ブロッサム」号のアンディー船長は、彼の哲学的幕間劇の中で「好きな仕事をやれる人間が幸せな人間さ」と言っている。彼らが幸せだという理由は、やる気と楽しさがますます湧いてきて、その分だけ悩みや疲労が少ないからである。興味の湧くところにやる気も生じる。口やかましい女房とか亭主と一緒に一キロ歩くのは、愛しい恋人と十キロ歩く以上にくたびれる。

それでは、どうしたらよいか？　ある速記者の実例を紹介しよう。オクラホマ州タルサにある石油会社に勤めていた速記者だ。彼女には毎月決まって、想像もできないほど単調な仕事をする日があった。印刷された貸借契約書に、数字や統計を書き込むのである。その仕事があまりにも退屈だったので、彼女は自己防衛上、それを興味の湧く仕事に変えようと決心した。どのようにして？　毎日、自分自身と競争するのである。彼女はいつも午前中に自分が作成した契約書の数を数えた。そして午後には、その数を上まわろうと努力した。それから一日の合計を数えて、翌日はそれ以上仕上げるように努力したのだ。その結果は？　彼女は、この退屈な契約書を、彼女の所属している課のどの速記者よりも多く作成できるようになった。それが彼女に何をもたらしたか？　賞賛？　感謝？　昇進？　昇給？　否、否、否。しかし、退屈から生じる疲労を防止することには役立った。それは彼女に精神的な刺激を与えた。そして、退屈な仕事をできる限り興味あるものにしようと努力したために、エネルギーと熱意がますます湧いてきて、今まで以上に余暇を楽しむことができたのだった。

私はこの話が事実であることを知っている。なぜなら、私はこの娘と結婚したからだ。

次に自分の仕事に興味を持っているふりをして得をした秘書の話をしよう。彼女はいつも仕事に対してファイトを燃やしていた。彼女はイリノイ州エルムハーストに住むヴァリー・G・ゴールデンで、自ら次のように書き送ってきた。

「私の事務所には秘書が四人いて、それぞれ四、五人の人たちの手紙を口述するように命じられています。時には私たちの手元へ仕事が一時に殺到して、てんてこ舞いさせられることがあります。ある日、一人の副部長が、長文の手紙を打ち直せと言ってきたので、私は断りました。そして、この手紙なら全部を打ち直さずに訂正するだけでよいと言ったのです。すると副部長は、君が嫌だと言うのなら、誰か他の者にやらせると言うのです。私はもうかんかんになりました。しかし打ち直しに取りかかった時、ふと、私に代わってこの仕事をしようと狙っている連中が大勢いることに気がつきました。それに、私はそういう仕事をするために給料をもらっているのです。そう思うと、気分が落ち着いてきて、とっさに、本当は嫌な仕事なのだけど、楽しんでいるふりをしようと決心したのでした。そして、大きな発見をしました。私がいかにも仕事を楽しんでいるふりをすると、実際にある程度は楽しくなってくるのです。また仕事が楽しくなると、能率が上がることもわかりました。だから今では、時間外勤務の必要はなくなりました。私はこの新しい心構えのせいで、よく働くという評判をとりました。そして部長の一人が専属の秘書を必要とした時に、彼は私に白羽の矢を立てました。君は時間外勤務でも嫌な顔をしないで働くからというのが、その理由でした。心構えを変えることから生じるこの種の効果を知ったことは、私にとっては本当に貴重な発見で、素晴らしく役に立ちました！」

ゴールデンは、ハンス・バイヒンガー教授の哲学に基づいて、奇跡をもたらす「芝居」をしたのだ。彼は私たちに、「あたかも」幸福であるようにふるまえと説いている。もしあなたが、「あたかも」自分の仕事に興味を持っているようにふるまえば、そのちょっとした仕草によって、あなたの興味には真実味が加わるであろう。そのおかげで、疲労・緊張・

悩みは軽減するであろう。

数年前、ハーラン・A・ハワードは人生を一新しようと決意した。彼は単調な仕事を楽しいものにしようと決心したのだ。彼の仕事は退屈きわまりないものだった。他の少年たちが野球をしたり、女の子をからかったりしている時、彼は高校の食堂で皿を洗ったり、カウンターを磨いたり、アイスクリームを配ったりしていたのである。ハーラン・ハワードは自分の仕事を軽蔑していた。けれども、仕事を続けなくてはならなかったので、アイスクリームについて研究してみようと決心した。製造工程はどうか、どんな材料が使われているのか、おいしい、まずいの差はなぜ生じるか？　彼はアイスクリームの化学を研究し、高校の化学課程の優等生となった。彼は次第に栄養化学に興味を持つようになり、マサチューセッツ州立大学に入学、食品化学を専攻した。ニューヨークのココア取引所が、賞金百ドルで、ココアとチョコレートの利用に関する懸賞論文を全国の学生から募集した時、ハーラン・ハワードが入賞し賞金を獲得した。

適当な就職口が見つからなかったので、彼はマサチューセッツ州アマーストの自宅の地下室に個人の研究所をつくった。その後間もなく新しい法律ができて、牛乳中の細菌数を表示することになった。ハワードはアマーストにある十四の牛乳会社のために細菌数の計算を引き受け、二人の助手を雇わねばならないほどだった。

これから二十五年もすると、彼はどうなっているだろう？　現在栄養化学の仕事に従事している人々は、その頃になれば勇退するか、死んでしまっているだろう。そしてその地位は、現在創意と熱意を燃やしている若者たちによって引き継がれるであろう。二十五年後には、ハーラン・ハワードはおそらく業界の指導者の一人となっているに違いない。彼の手からカウンター越しにアイスクリームを買っていた彼の級友たちの多くは失業し、落胆して政府を呪い、俺たちは運がなかったなどと不平を言っていることだろう。ハワードにしても、もし退屈な仕事を楽しくしようと決意しなかったら、チャンスは訪れなかったはずである。

久しい以前、単調な仕事に飽き飽きしながら工場内の旋盤の横に立ち、ボルトをつくっているもう一人の若者がいた。彼の名はサムといった。サムは仕事をやめたかったが、次の仕事が見つかりそうになかった。この退屈な仕事をしなくてはならない以上、何とかそれを楽しいものにしようと決意した。そこで彼は、自分のそばにいる機械工と競争することにした。一人は粗い表面を研磨しており、もう一人はボルトを適当な直径に仕上げていた。彼らは合図とともに機械にスイッチを入れ、誰が最も多く仕上げられるかを競争してみた。現場主任はサムの仕事が速くて正確なのに感心して、間もなく彼をもっといい仕事につかせた。それが昇進への糸口だった。三十年後、サムことサミュエル・ヴォークレーンはボールドウィン機関車製造工場の社長になった。もし彼が退屈な仕事を楽しくしようと決意しなかったら、彼は一生、機械工として暮らさなければならなかったであろう。

有名なラジオ・ニュース解説者H・V・カルテンボーンは、どのようにして退屈な仕事を興味あるものに変えたかについて話してくれた。彼は二十二歳の時、家畜輸送船の上で牛に飼料を与えたり、水を飲ませたりしながら大西洋を渡った。イギリスでの自転車旅行を終えてのち、彼は空腹と中身のない財布を抱えてパリに着いた。彼はカメラを五ドルで質に入れ、ニューヨーク・ヘラルド紙のパリ版に求職広告を出して、立体幻灯機のセールスという仕事を得た。まったく同じ二つの絵を並べて見る、旧式な立体双眼鏡である。それを見ると奇跡が起こる。立体双眼鏡の二枚のレンズは、立体的な効果で二つの映像から一つのシーンをつくり出す。距離感が生じて、驚くほどの遠近感があった。

さて、カルテンボーンはこの機械を一軒一軒売り歩くことになったが、フランス語は話せない。それでも最初の一年に手数料五千ドルを稼ぎ、フランスのセールスマンとしては最高給の一人となった。彼の語るところによれば、あの時の経験は、成功するための条件を身につけるという意味では、ハーバード大学で一年間学ぶ以上に有益だった。自信があったかって？　彼は、この調子なら、フランスの主婦を相手に『国会議事録』だって売ってみせるという気になったと語っていた。

この経験によって彼はフランス人の生活に対する理解を深め、それが後年、ヨーロッパの出来事について解説する際にはかり知れないほど役立った。

フランス語が話せないのに、どのようにして一流のセールスマンになれたのだろう？　彼はまず雇い主に頼んで、売り込みに必要な言葉を完全なフランス語で書いてもらい、それを暗記した。ドアのベルを鳴らし、主婦が出てくると、カルテンボーンは奇妙なアクセントで暗記した文句を繰り返す。それから写真を見せる。相手が何か質問すると、肩をすぼめて「アメリカ人……アメリカ人」と言う。そして帽子をとって、そのてっぺんに貼りつけてある完全なフランス語で書かれた宣伝文句を指し示す。主婦が笑い出す。彼も笑う。もっと写真を見せる。こういった調子である。彼に言わせると、カルテンボーンはこの話をしながら、仕事は決して楽ではなかったと述懐した。この仕事を面白いものにしようとの一念が唯一の原動力となったという。彼は毎朝出かける前に鏡をのぞいて、自分にはっぱをかけた。「カルテンボーン、こいつをやらなくては食っていけないのだぞ。やらなくてはならない以上、一つ愉快にやろうではないか。戸口でベルを鳴らしたら、自分が役者になってフットライトを浴びているさまを想像し、観客がじっと見守っている光景を思い浮かべるのだ。つまり、お前のしている仕事は舞台の芝居と同様、滑稽千万なのだ。なぜもっと情熱と興味とを投入しないのだ?」

カルテンボーンの話によると、このような言葉で毎日自分を励ましたからこそ、最初のうちは好きになれなかった仕事がいつの間にか好きになり、高収入が得られたのである。

成功を渇望しているアメリカの青年たちに何か忠告してほしいと頼むと、彼はこう言った。「まず毎朝、自分にぴしゃりとひと鞭《むち》くれることだ。半分眠っているようなぼやっとした状態からはっきり目の覚めた状態にするには、肉体を動かすことが重要であるとよく言われる。けれども、それ以上に必要なことは、精神や頭脳を毎朝運動させ、行動へと駆り立てることだ。毎日、自分自身に励ましの言葉をかけるんだ」

毎朝自分自身に励ましの言葉をかけるなんて、馬鹿馬鹿しい子供じみたことであろうか?

そうではない。これこそ健全な心理学の真髄とも言うべきものだ。「我々の人生とは、我々の思考がつくり上げるものにほかならない」。この言葉は十八世紀も前にマルクス・アウレリウスが『自省録』に書いた時と同様、今日でも真理なのである。

一日中、自分自身に話しかけることによって、勇気と幸福について、また権力と平和について考えるように自分を導くことができる。感謝すべき事柄について自分自身と対話していると、心躍るような考え方が胸一杯にみなぎり、歌い出したくなるであろう。

正しい考え方をすることによって、どんな仕事についても嫌悪感を減らすことができる。上役はあなたが仕事に興味を持ってほしいと願っているから、収入も増えるはずだ。しかし上役の希望などはどうでもよい。仕事に興味を持つことがあなたのためになるということだけを考えてほしい。あなたは人生から得る幸福を倍増させることができるかもしれない。なぜなら、あなたは起きている時間の半分近くを仕事に費やしており、その仕事の中に幸福を発見できないのなら、幸福などどこにも見出すことはできないであろう。仕事に興味を持てば悩みからも解放されるし、長い目で見れば昇進や昇給にもつながるであろう。仮にそんな効果がなくても、疲労は最小限に軽くなり、余暇を楽しむことができるようになるだろう。

疲れを追い払う原則

仕事に熱意を傾けよう。

5 百万ドルか、手持ちの財産か

ハロルド・アボットとは久しい以前からの知り合いである。彼はミズーリ州ウェブ・シティーに住んでいるが、かつては私の講演旅行のマネジャー役を務めてくれた。ある日、彼と私はカンザス・シティーでばったりと出くわし、彼は私をミズーリ州ベルトンにある私の農場まで送ってくれた。その途中、どのようにして悩みを閉め出しているのかという私の質問に対して、終生忘れることができないほどの感動的な話をしてくれた。

「以前はよく悩んだものだった。ところが、一九三四年のある春の日にウェブ・シティーの通りで、ある光景を目撃したおかげで私の悩みは一掃された。わずか十秒間の出来事だったが、その間に自分の生き方について過去の十年間よりも多くのことを学んだのだ。

二年ほどウェブ・シティーで食料雑貨店を経営したが、貯金もはたき、借金を背負い込んでしまい、その返済に七年もかかった。すでに一週間前の土曜日に店をたたんでいた私は、カンザス・シティーへ職探しにいく費用を借りようと銀行へ足を向けていた。私の足どりは、いかにも打ちひしがれた様子であった。まさに精も根も尽き果てていた。

その時、不意に、通りの向こうから、両足のない男がやってくるのが目に入った。彼はローラー・スケートの車輪を取りつけた小さな木の台に座っていた。左右の手に握った木の杖で勢いをつけながら通りを進んできた。彼が通りを横断した直後、歩道へ上がるために自分の体を五、六センチ持ち上げて、小さな木の台をある角度に傾けた瞬間に視線が合った。彼はにっこり笑いながら、私に挨拶した。『おはようございます。今朝はよく晴れましたねえ』。彼の声には生気がみなぎっていた。私はその男の姿を見守っているうちに、自分がどれほど恵まれているかを悟った。私には二本の足がある。歩くこともできる。自分を甘やかしていることが恥ずかしかった。この男は両足がなくても幸せそうに、快活に、自信ありげにしていられるというのに、両足のある私にできないはずがないと、自分に言い聞かせた。

いつの間にか勇気が湧いてきた。最初は銀行から百ドルを借り出すつもりだったが、思い切って二百ドル借りることにした。最初はカンザス・シティーへ行って職探しをしてみたいというつもりだったが、カンザス・シティーへ行けば仕事が待っていると自信を持って断言することができた。首尾よく金を借りて、仕事を手に入れた。

私は今でも次の言葉を浴室の壁に貼りつけている。そして、毎朝ひげを剃るたびに、それを読むことにしている——

靴がないとしょげていた
両足がもがれたその人に
通りで出会うその前は」

エディー・リッケンバッカーといえば、仲間たちと二十一日間も救命ボートの上で、助けを求めて太平洋を漂流した男だが、私は彼にあの時に学んだ最大の教訓は何であったかと聞いてみた。「あの体験から学んだ最大の教訓は、飲みたい時に飲める新鮮な水と食べたい時に食べられる食料さえあったら、それ以上に文句を言うべきではないということさ」

タイム誌にガダルカナルで負傷した一軍曹の話が載っていた。彼は砲弾の破片でのどをやられ、七回も輸血を受けた。医師と筆談で「命に別条はないか?」と尋ねた。医師は「イエス」と答えた。「声は出るだろうか?」。再び「イエス」という答えが返ってきた。すると、彼はもう一度ペンを手にした。「それなら、私はいったい何を悩んでいるのだろう?」

皆さんもちょっと手を休めて、「私はいったい何を悩んでいるのだろう?」と自問してみてはどうだろう? そんな心配など、どちらかと言えば取るに足りないことだとわかるはずだ。

私たちの人生を彩るさまざまな事象のうち、およそ九十パーセントは正しく、十パーセントは誤りである。幸福を願うのなら、やり方としては、正しい九十パーセントに力を集中し、誤った十パーセントは無視すればよい。もし苦悩と悲惨を願い、胃潰瘍になりたいのなら、誤った十パーセントに力を集中し、栄光に満ちた九十パーセントを無視すればよい。

イギリスのクロムウェル派教会の多くには、「考え、そして感謝せよ」という言葉が刻まれている。この言葉を私たちの心にも刻み込まねばならない。私たちは感謝しなければならない全部のものについて考え、私たちの利益や恩恵すべてに対して神に感謝すべきである。

『ガリバー旅行記』の作者ジョナサン・スウィフトは、イギリス文学史上で最も徹底した厭世主義者であった。この世に生まれたことを嘆き悲しむあまり、自分の誕生日には喪服をつけて断食した。しかし、絶望にとらわれてもなお、健康の原動力とも言うべき快活さと幸福とを賛美した。彼は言う。「世界一の名ドクターは、食事ドクターと静寂ドクター、そして陽気ドクターだ」

私たちは自分の持っている信じがたい財産——アリ・ババの宝物すら足元にも及ばないほどの財産——を見直すだけで、毎日好きな時間に「陽気ドクター」の無料奉仕にあずかることができる。あなたは両目を十億ドルで手放す気があるだろうか？　あなたの両足と何かを交換したいと思うだろうか？　両手は？　聴覚は？　子供は？　家族は？　あなたの財産を合計してみよう。そうすれば納得できるはずだ。たとえロックフェラー、フォード、モルガンという三大財閥の金塊すべてを積まれても、自分の持ち物を売り払う気にはなれないことが。

　だが、私たちにはこれらの真価がわかっているだろうか？　残念ながらわかっていない。ショーペンハウエルが「我々は自分に備わっているものをほとんど顧慮せずに、いつも欠けているものについて考える」と言ったが、確かに「自分に備わっているものをほとんど顧慮せずに、いつも欠けているものについて考える」傾向こそ、地上最大の悲劇と言ってもよい。おそらく不幸をもたらすという点では、歴史上のあらゆる戦争や疾病に劣らないであろう。

　そのためにジョン・パーマーは「世間並みの人間から年寄り臭い不満家」に変わり、あわや自分の家庭を台なしにするところであった。私は彼自身の口からその一部始終を聞いている。

　パーマー氏はニュージャージー州パターソンに住んでいる。「軍隊から帰って間もなく、私は自分で商売をはじめました。昼も夜も仕事に精を出し、すべては順調でした。ところが、困ったことが起きました。部品や材料が手に入らなくなったのです。私が恐れたのは商売が続けられなくなることでした。悩みのために、私は世間並みの人間から年寄り臭い不満家に変わりました。陰気で怒りっぽくなり、当時は気づかなかったのですが、もう少しで幸福な家庭まで失うところでした。ところが、ある日、私のところで働いていた若い傷痍軍人が私にこう言うのです。『なあジョニー、あんたは恥ずかしくないのか。あんたは、苦労しているのは世の中で自分一人だと思い込んでいるんだろう。万一しばらく店を閉めなきゃならなくなったとしても、それがどうしたというんだ？　景気がよくなったらまた再開できるじゃないか？　あんたなんか、とても運のいいほうだぜ。だのに、いつも文句ばかりだ。俺なんか、あんたと代わりたいくらいだよ！　俺を見てくれ、腕は一本しかないし、顔の半分は砲弾で吹っ飛んだが、ぶつぶつ言ったことがあるかい？　いい加減で愚痴や不平不満と縁を切らないと、商売はもちろん、健康も家庭も友達も全部なくしてしまうぜ！』

この言葉で私は正気を取り戻しました。自分がどんなに恵まれているかに気づいたのです。私はその場で、以前の自分に立ち返ろうと決心し、――そしてそれをやり遂げました」

私の友人ルシール・ブレイクは悲劇の瀬戸際に立っておののいた時に、はじめて自分に欠けているものについて悩むことをやめ、自分の持っているもので満足することを学んだ。

私がルシールに出会ったのはだいぶ前になるが、ちょうど我々はコロンビア大学新聞学部で短編の書き方を学んでいた。彼女はそれより数年前のアリゾナに住んでいた頃、まさに命の縮むような体験をしていた。彼女の話は次のとおりである。

「私は目のまわるように忙しい毎日を送っていました。アリゾナ大学ではオルガンを習い、町では話し方教室の指導をし、下宿していたデザート・ウィロウ牧場では音楽鑑賞のクラスを開いたりして。パーティーやダンスに行ったり、馬で夜間の遠乗りをしたこともありました。ある朝、私は卒倒しました。心臓のためです！　『一年間はベッドで絶対安静が必要だ』と医者は言いました。もう一度元気になれるなどと慰めてはくれませんでした。

一年間のベッド生活！　もはや再起不能で、死ぬかもしれない！　私はまるで恐怖のとりこでした！　どうしてこんなことになったのか？　なぜこんな罰を受けなくてはならないのか？　出てくるものは悲嘆の涙ばかり。私は気が高ぶり反抗的になったけれども、医者の言うとおりにベッドで寝ているしかありませんでした。近所に住んでいた画家のルドルフさんが私を励ましてくれました。『あなたは一年間のベッド暮らしを悲劇だと考えているらしいが、そうでもないよ。考える時間がたっぷりあるから、自分についてさらに認識できる。精神的な成長という面では、これからの数カ月間に今までの人生で得たもの全部よりも大きな効果が得られるんだ！』。私はやや落ち着きを取り戻して、新しい価値観を身につけようとしました。心の糧となる本も読みました。ある日、ラジオで誰かが『人間が表現できるのは、自分が意識しているものだけだ』と言うのを聞きました。これと似たような言葉は何度となく聞いたような気がしますが、この時はじめて胸の奥に落ち、根を下ろしました。私は自分に生きる楽しさを与えてくれるものだけを考えよう、つまり喜びと幸福と健康だけを考えようと決心しました。毎朝目を覚ますと同時に私は感謝を捧げるべきことすべてを考えようとしました。苦痛のないこと。かわいく若い娘であること。目の見えること。耳の聞こえること。ラジオから流れる美しい音楽。読書の時間。おいしい食事。親友たちのこと。私がすっかり陽気になり、見舞客があまりに多くなったので、医者の指示によって見舞客は一定の時間に一人ずつ病室に入ることという掲示が出たほどでした。

あれから何年もたって、私は今こうして充実した生活を送っています。今でもあの一年間の病床生活を感謝しています。あれこそアリゾナで過ごした最も貴重で幸福な一年でした。毎朝、自分の恵まれた点を数え上げるという当時の習慣は今でも続けています。これは私の貴重な財産の一つです。死が近づいてくる恐怖感を味わうまで本当に生きるという意味を知らなかった自分がとても恥ずかしい」

ルシール・ブレイクが学んだことは二百年ほど前にサミュエル・ジョンソン博士が学んだのと同じ教訓なのだ。ジョンソン博士の言葉にはこうある。

「あらゆる出来事の最も良い面に目を向ける習慣は、年間一千ポンドの所得よりも価値がある」

注意していただきたい。この言葉は定評ある楽天主義者の口から出たものではなく、二十年間にわたって不安、ぼろの服、飢えを体験し、ついに最も有名な作家の一人となり、古今随一の座談の名手と評された人物の言葉なのだ。

ローガン・ピアソール・スミスの名言は次のように簡潔である。「人生には目標とすべきものが二つある。第一は自分の欲するものを手に入れること、第二はそれを楽しむことである。数ある人間のうちでも、第二のことを実践できるのは賢者だけでしかない」

台所での皿洗いでさえスリルに富んだ体験に変えることができると言ったら、興味を持っていただけるだろうか？　もし興味がおありなら、ボーギルド・ダールの名著『私は見たかった』という本を読むとよい。それははかり知れない勇気と感謝を与えてくれるに違いない。

　著者は、五十年間も盲人同様に過ごしてきた女性である。「私には片目があった。だが、その目にも深い傷跡がついていて、左の目尻にある小さな隙間からしか物を見ることができなかった。本を読むといっても、本を顔にぴったりとつけて目の筋肉を引き締め、眼球をできるだけ左のほうに寄せることが必要だった」

　けれども彼女は他人の同情を嫌い、特別扱いされることを拒んだ。子供の頃、彼女はよその子供たちと石蹴り遊びをするのが好きだったが、印が見えない。そこで他の子供たちが帰ってしまってから、地面に腹ばいになって印を見つけてまわった。彼女は自分たちが遊んだ場所の隅々までしっかりと覚え込んでしまい、かけっこをしても負けなかった。家で本を読む時には、大きな活字の本を自分の目にできる限り近づけ、まつ毛がページに触れるほどだった。彼女はミネソタ大学の文学士とコロンビア大学の文学修士という二つの学位を得た。

　彼女はミネソタ州のツイン・バレーという寒村で教職生活に入り、最後には、サウスダコタ州スー・フォールズにあるオーガスタ・カレッジの新聞学と文学の教授となった。彼女は十三年間の教職生活の他に、さまざまな書物や作者について女性の同好会で講演したり、ラジオで話したりした。「私の心の裏側には絶えず全盲になりはしないかという恐怖が潜んでいた。これを克服するために、私は人生に対して快活というよりも陽気な態度で立ち向かった」と彼女は記している。

やがて一九四三年、彼女が五十二歳を迎えた時に奇跡が起こった。かの有名なメイヨー診療所での手術によって、彼女は以前の四十倍も見えるようになったのだ。

新鮮で心の躍る美の世界が開けた。彼女にとっては台所での皿洗いすら彼女にとってはスリルに富んだものとなった。彼女はこう書いている。「私は白いフワッとした洗剤とたわむれはじめる。手を入れて、小さな洗剤の泡をすくい上げる。その泡を光にかざすと、その一つ一つの中に小さな虹の美しい輝きを見ることができる」。また彼女は、台所の流し台の上の窓から「降りしきる雪の中を、灰色の雀が羽ばたきながら飛んでいく」のを見たとも書いている。

洗剤の泡や雀を見て、これほどまでに感激した彼女は、著書の最後を次のように結んでいる。『神様』。私は小声で申します。『天にいます我らの父よ、私はあなたに感謝いたします。私はあなたに感謝いたします』」

神に感謝を捧げよう。皆さんは皿を洗うことだって、泡の中の虹や雪の中を飛ぶ雀だって見られるのだから。

私たちは自分をもっと恥じてもいい。私たちは明けても暮れても美しいおとぎの国に住みながら、目をふさいで見ようともせず、見飽きているためそれに喜びを感じないのだ。

悩みを解消して新しい生活をはじめたい人のために第四の鉄則。

悩みを追い払う原則

厄介事を数え上げるな、恵まれているものを数えてみよう。

6 死んだ犬を蹴飛ばす者はいない

全米の教育界に一大センセーションをもたらした事件が一九二九年に起きた。全国の学者たちが、その事件の真相を知ろうとシカゴへ殺到した。それよりも数年前に、ロバート・ハッチンズという苦学生がエール大学を卒業したが、彼は給仕・材木切り出し人・家庭教師・物干し綱のセールスマンなどをして生活費を稼いだのであった。それからわずか八年後に、彼はアメリカの有力大学として四番目に位するシカゴ大学の学長に就任した。弱冠三十歳の時である！　年長の教育者たちは首を横に振った。囂々《ごうごう》たる非難がこの「神童」に向けて浴びせられた。彼をああだ、こうだとか、やれ若すぎる、やれ経験が浅いとか、彼の教育観は偏向しているなどと。新聞までがそれに同調した。

就任式の当日、友人の一人がロバート・ハッチンズの父に「今朝の新聞の社説で、息子さんのことを攻撃していたので憤慨しましたよ」と告げた。「確かに、なかなか手厳しかったですな。しかし、誰も死んだ犬を蹴飛ばす者はいませんからね」と老ハッチンズは答えた。

そうなのだ。そして犬が元気であればあるだけ、大物であればあるだけ、人間はそれを蹴飛ばして大きな満足を覚えるのである。イギリス皇太子（のちのエドワード八世ウィンザー公）は際どい経験でこのことを悟らされた。その当時、皇太子はデヴォンシャーのダートマス・カレッジ（アメリカのアナポリスの海軍兵学校に相当する）の生徒で、十四歳であった。ある日、一海軍士官が彼の泣いているところを見つけて、そのわけを尋ねた。はじめのうちは答えなかったが、なおも問い質すと、候補生たちに足蹴《あしげ》にされたのだと答えた。校長が候補生たちを召集して、皇太子は別に文句を言いたいのではない、ただ彼一人がなぜこんな目にあわされたのか、その理由を知りたいそうだと説明した。

ひとしきり声にならない声や、咳払い、床を踏み鳴らす音が聞こえたが、ついに候補生たちは白状した。それによると、彼らがイギリス海軍の司令官や艦長になった時、俺は昔、キングを足蹴にしたことがあるんだぞ！　と言ってみたかったのだ。

だから蹴飛ばされたり、非難されたりした時、相手はそれによって優越感を味わおうとしている場合が少なくないことを覚えておこう。それはしばしば、あなたが何かの業績を上げており、他人から注目されていることを意味している。世間には、自分たちより高い教育を受けた人間や成功した人々を悪しざまに言って、野蛮な満足感を味わっている連中が多数いる。

たとえば、本章を執筆中、私は一人の女性から救世軍の創始者ウィリアム・ブースを非難する手紙を受け取った。私はかつて放送でブース大将を賛美したことがあったが、この女性はブース大将が貧しい人々を救済するために集めた金を八百万ドルもくすねたと書いていた。これは事実無根の非難だが、この女性は真実を求めていたのではない。自分よりもはるかに偉い誰かを非難することから得られる意地の悪い満足感を求めていたのだ。私はこの悪意に満ちた手紙を屑籠に投げ込み、自分が彼女の夫でなかったことを神に感謝した。彼女の手紙からは何一つブース大将のことはわからなかったが、彼女自身のことについてはよくわかった。

ショーペンハウエルいわく。「低俗な人々は偉人の欠点や愚行に非常な喜びを感じる」

エール大学の学長を低俗な人間と考える者はまずいないであろう。しかし元学長ティモシー・ドワイトは、アメリカ大統領に立候補した一人の男を非難することに大いなる喜びを感じていたようだ。エールの学長は「もしこの男が大統領に当選したら、我々の妻や娘は公認売春制度の犠牲者となり、はなはだしくはずかしめられ、堕落させられて、優雅さと道徳をすっかりなくし、神と人間から忌み嫌われるであろう」とまで警告した。これはヒトラーを弾劾する演説にそっくりだって？　いや、そうではない。これはトーマス・ジェファーソンを弾劾したものなのだ。えっ、どのジェファーソン？　まさか独立宣言の起草者で、民主主義の守護神とも言うべきジェファーソンじゃないだろうって？　ところが、そのジェファーソンに対してなのだ。

「偽善者」「ぺてん師」「人殺しより多少ましな男」と悪罵されたアメリカ人はいったい誰だろう？　ある新聞の漫画によると、彼はギロチン台に上げられ、今にも大きな刃物で首を斬り落とされようとしていた。彼が市中を引きまわされる時には、群衆が罵声を浴びせかけていた。彼とは誰か？　ジョージ・ワシントンにほかならない。

けれどもそれは昔のことだ。今日では当時よりも人間性が向上しているはずである。よかろう。ではピアリー提督の例をみよう。彼は一九〇九年四月六日、犬ぞりで北極に到達して世界を驚かした探険家であるが、このゴールに到達するために幾世紀にわたって勇敢な人々が苦難や飢えと闘い、ついには命を失っていった。ピアリー自身も寒気と飢えのためにもう少しで死ぬところであった。足の指八本はひどい凍傷にかかって切り落とさざるをえなかった。苦難につぐ苦難で気も狂いそうだった。しかしワシントンの上官たちはピアリーが人気を独占しそうになったので機嫌を損ねた。そこで彼らは、ピアリーが学術探険と称して金を集めておきながら、「北極でぶらぶらしている」と言って非難した。彼らはそう信じていたのかもしれない。信じたいと思ったら信じないでいるのはほとんど不可能であるからだ。ピアリーを侮辱し、その企てを阻止しようとする彼らの決意は猛烈をきわめたが、大統領マッキンレーからの直接命令によって、ピアリーは辛うじて北極探険を続けることができたのだった。

ピアリーが海軍省で事務を執っていたとしたら、こんなに非難されただろうか？　そんなことはない。それだったら、彼は嫉妬を招くほどの重要人物ではなかったろうから。

グラント将軍はピアリー提督よりもさらに苦い経験をした。一八六二年、グラント将軍は最初の大勝利を収めて、北部を驚喜させた。わずか半日で成し遂げた勝利、グラントを一夜にして国民的偶像にした勝利、遠くヨーロッパにまで絶大な反響を呼び起こした勝利、大西洋岸からミシシッピ川に至る全土の教会の鐘を鳴り響かせ、祝いのかがり火をたかせた勝利であった。しかし北軍の英雄グラントは、この大勝利を得てから六週間もたたないうちに逮捕され、軍の指揮棒を剥奪された。彼は屈辱と絶望に嗚咽《おえつ》した。

なぜグラント将軍は勝利の絶頂時に逮捕されたのか？　それは主として、傲慢な上官たちの嫉妬と羨望を誘発したためであった。

私たちが不当な非難に悩みそうになった時のために、第一の鉄則を示そう。

批判に悩まされない原則

不当な非難は、しばしば擬装された賛辞であることを忘れてはならない。死んだ犬を蹴飛ばす者はいないことを思い出そう。

7 非難に傷つかないためには

私は、「錐《きり》のような目」「地獄の悪魔」などの異名を持つスメドレー・バトラー少将と会談したことがある。アメリカ海軍中最も異彩を放っている元気はつらつたる司令官である。

彼は私にこんな話をした。若い時の彼は、必死になって人気を得ようと努力し、誰に対しても好印象を与えるように願った。その頃は、ほんのちょっとした批判にも神経をとがらせて苦しんだ。しかし三十年間の海軍生活は彼を百戦錬磨の男に変えた。「私はたびたび悪罵を浴び、侮辱された。臆病者、毒ヘビ、スカンクなどと。私はその道の権威といわれる人たちからくそみそに言われた。ちょっと書けないような悪態の組み合わせを、ありったけ浴びせられたものだ。癪《しゃく》に障るかって？　近頃は悪口を耳にしても言っているやつの顔も見ないね」

たぶん「錐のような目」は非難を卒業してしまったのだろう。けれども私たちの多くは、自分に向かって投げつけられる嘲笑や悪口をあまりにも気にしすぎるのである。数年前にニューヨーク・サン紙の記者が私の宣伝集会にやってきて、私と私の仕事について諷刺記事を書いたことを思い出す。憤慨したかって？　私はそれを個人に対する侮辱と考えた。私はサン紙の会長ギル・ホッジスに電話して、事実を——冷やかしではなく——紙上に掲載してもらいたいと要求した。私は記事の執筆者に対して、あくまで責任を取らせてやるつもりであった。

私は当時とったそのような行動を恥ずかしく思っている。購読者の半数はあの記事を読まなかったはずだし、読んだ人の半数はそれを罪のない笑い話ぐらいにしか受け取らなかったはずだ。そして、その諷刺記事を読んで溜飲を下げた人の半数は、数週間もしないうちにすっかり忘れてしまったに違いない。

現在の私は、一般の人々が他人のことなど気にかけないこと、また他人の評判などには無関心であることを知っている。人間は朝も昼も、そして夜中の十二時すぎまで、絶えず自分のことだけを考えている。他人が死んだというニュースよりも、自分の軽い頭痛に対して千倍も気を遣うのである。

たとえ欺かれ、馬鹿にされ、裏切られ、背中にナイフをつき刺されても、親友中の親友によって奴隷に売られたとしても、そのために自己憐憫におちいるのは愚の骨頂である。キリストのことを思い出すべきだ。彼が最大の信頼を寄せていた十二使徒の一人は、今の金でわずか十九ドルほどの賄賂のためにキリストを裏切ったのだ。また他の一人は、キリストが難にあうと彼を見捨てて逃げ、三度までキリストを知らないと断言して、誓いまでした。キリストにしてこのありさまであるとしたら、自分たちがそれ以上を期待するのは無理というものだ。

何年も前に私が気づいたのは、他人からの不当な批判を免れることはとうてい不可能だが、もっと決定的に重要なことが私にはできるということだ。つまり、不公平な批判で傷つくかどうかは私次第なのだ。

ここで明確にしておきたいのは、あらゆる批判を無視せよと主張しているのではない。不当な非難だけを無視せよと言っているのだ。かつて私はエレノア・ルーズヴェルトに、不当な非難に対するあなたの心構えは？　と聞いてみた。ホワイト・ハウスに住んだ女性のうちで、彼女ほど多くの熱烈な友人と猛烈な敵を持った人は他にいなかった。

少女時代の彼女はほとんど病的と言えるほど内気で、他人の陰口を恐れたという。他人に非難されるのを恐れた彼女は、ある日、セオドア・ルーズヴェルトの妹に当たる叔母に相談した。「叔母さん、私、あることをしたいの。だけど、何か言われはしないかと心配なの」

叔母は彼女の瞳をじっと見つめてから、こう言った。「自分の心の中で正しいと思っているのなら、他人の言うことなんか気にしては駄目よ」。エレノア・ルーズヴェルトによれば、この忠言は後に彼女がホワイト・ハウスの女主人になった時に心の支えとなった。彼女はまた、あらゆる非難を免れる唯一の方法は、ドレスデン焼の人形のように棚の上に鎮座することだとも言っていた。「自分の心の中で正しいと信じていることをすればよろしい。しても悪口を言われ、しなくても悪口を言われる。どちらにしても批判を逃れることはできない」

マシュー・C・ブラッシュがアメリカン・インターナショナル・コーポレーションの社長だった当時、私は彼に批判が気になるかどうかを尋ねてみた。すると彼は「もちろん、若い時は非常に気になった。会社の全従業員から完全な人物だと思われたかった。そう思われていないことがわかると私は思い悩んだ。私に最も反感を持っていると思われる男の機嫌をとろうとしたが、それはかえって他の者を怒らせる結果になった。それで今度はその男と妥協しようとすると、他の連中が気を悪くした。ついに私は、個人的な非難を免れるために反感をなだめたり、抑えようと努力すればするほど、敵が増えていくことに気づいた。そこで私は自分に言い聞かせた。『人の上に立つ限り、非難を免れることは不可能だ。気にしないようにするしか手はない』と。この考えは驚くほど効果があった。その時以来、私は、いつも最善を尽くすことを心がけ、あとは古傘をかざして、非難の雨で首筋を濡らさないようにしている」

ディームズ・テイラーはもっと徹底している。彼は非難の雨で首筋を濡らしながら、公の場で陽気に笑ってみせたのである。ニューヨーク交響楽団による日曜午後のラジオ・コンサートで、彼が演奏の合間のおしゃべりをしていた時、一人の女性から届いた手紙は、彼のことを「嘘つき、裏切り者、毒ヘビ、馬鹿」と決めつけていた。彼の著者『人と音楽について』の記述によれば、テイラーは「おそらく私の話がお気に召さなかったのであろうと推察した」。次週の放送で、彼はこの手紙を朗読して数百万の聴取者に披露した。すると四、五日後に、同じ女性からまた手紙が来た。それによると、彼女の意見は少しも変わらず、彼は依然として「嘘つき、裏切り者、毒ヘビ、馬鹿」ということだった。私たちは、非難に対してこういう態度で接することのできる人に敬服しないではいられない。私たちは彼の平静さ、自信に満ちた態度、ユーモアに敬意を表する。

チャールズ・シュワッブは、プリンストン大学の学生たちの前で行なった演説の中で、彼が今までに学んだ最大の教訓の一つはシュワッブの鉄鋼工場で働いていた年寄りのドイツ人から教えられたと言っている。この老ドイツ人は他の工員たちとの猛烈な戦争談義に巻き込まれ、激昂した工員たちによって川へ放り込まれた。シュワッブは話している。「彼が泥と水にまみれた姿で私の事務室へ現われた時、お前を川へ投げ込んだ連中に向かって何と言い返したんだ？　と尋ねると、『ただ笑ったただけでさあ』と答えた」

シュワッブ氏はそれ以来、「ただ笑う」を座右の銘にしているという。この座右の銘は、不当な非難の犠牲になっている際には素晴らしく役に立つ。食ってかかってくる相手には反論することもできようが、「ただ笑う」だけの相手には何も言えないではないか？

リンカーンが南北戦争の心労に倒れずにいられたのは、自分に投げつけられる辛辣《しんらつ》な非難に答えることの愚を悟っていたからに違いない。彼がどのようにして非難を処理したかを伝える描写は、まさに珠玉の文学作品——古典と呼ぶに相応しい。マッカーサー元帥は戦争中、その写しを司令部の机上に掲げていた。またウィンストン・チャーチルもチャットウェルの書斎の壁に、その写しを額に入れて掛けていた。次のような一節である。

「もし私が私に寄せられたすべての攻撃文を読むくらいなら、まして返事を出すくらいなら、この事務所を閉鎖して、何か他の仕事をはじめたほうがましだ。私は私が知っている最良を、私がなし得る最善を実行している。それを最後までやり続ける決心だ。そして最後の結果が良ければ、私に浴びせられた非難などは問題ではない。もし最後の結果が良くなければ、十人の天使が私を弁護してくれたところで、何の役にも立ちはしない」

不当な非難をこうむった時には、第二の鉄則を思い起こそう。

批判に悩まされない原則

最善を尽くそう。そのあとは古傘をかざして、非難の雨が首筋から背中へ流れ落ちるのを防げばよい。

PART

2

人を動かす原則

HOW TO
ENJOY
YOUR LIFE
AND
YOUR JOB

『人を動かす』は人間関係についての書物で、
人とのつきあい方や、充実した人生を送るには
友人が不可欠だと書かれている。
批判したくなる誘惑を抑えて、心から人をほめ、
感謝の気持ちを捧げる習慣を身につければ、
何にもまして人から好かれるようになるだろう。
そして、世界中の人々を幸せにすることこそ、
すべての男と女が第一に必要としているもの――
つまり幸せな家庭生活を約束してくれるのである。

8 盗人にも五分の理を認める

一九三一年五月七日ニューヨーク市では、前代未聞の大捕物が行なわれた。凶悪な殺人犯で、ピストルの名手、ところが、酒も煙草ものまないという〝二丁ピストルのクローレー〟が、数週間にわたる捜索の結果、ついに追いつめられて、ウェスト・エンド大通りのガールフレンドが住むアパートに逃げ込んだのである。

犯人の潜伏しているそのアパートの最上階を、百五十人の警官隊が包囲し、屋根に穴をあけて催涙ガスを送り込み、クローレーをいぶし出しにかかった。周囲のビルディングの屋上には、機関銃がすえつけられた。こうして、ニューヨークの高級住宅街に、ピストルと機関銃の銃声が、一時間以上にわたって、とどろくことになったのである。クローレーは、分厚いソファーの陰から、警官めがけてさかんに発砲する。この乱戦を見物に集まった野次馬の数は、およそ一万人に及んだ。実に、ニューヨーク空前の大活劇であった。

クローレーが逮捕された時、警視総監マルルーネーが発表したところによると、この〝二丁ピストル〟は、ニューヨークの犯罪史にもまれに見る凶悪犯で、〝針の先ほどのきっかけ〟からでも簡単に人を殺したという。

ところでこの〝二丁ピストルのクローレー〟は、自分では自分のことをどう考えていたのだろうか？　実は、これに対する答えを知る手がかりが残されている。というのは、あの乱戦の最中に、この男は〝関係者各位〟に宛てて手紙をしたためたのである。それを書くうちにも、血は容赦なく流れた。朱にそまった手紙の一節に、次のような言葉が記されている。

「私の心――それは、疲れ果てた心ではあるが、優しい心である。誰ひとり人を傷つけようとは思わぬ心である」

この事件の起こる少し前、クローレーは、ロング・アイランドの田舎道に自動車を停めて、ガールフレンドを相手に、怪しげな行為にふけっていたことがある。出し抜けに、一人の警官が自動車に近づいて言葉をかけた。

「免許証を見せたまえ」

いきなりピストルを取り出したクローレーは、物も言わず相手に乱射を浴びせた。警官がその場にくずおれると、クローレーは、車から飛び降りて、相手のピストルをひったくり、それでさらにもう一発撃ってとどめをさした。この殺人鬼が〝誰ひとり人を傷つけようとは思わぬ心〟の持ち主だと、自ら称しているのである。

クローレーがシン・シン刑務所の電気椅子に座る時、

「こうなるのも自業自得だ――大勢の人を殺したのだから」

と言っただろうか――いや、そうは言わなかった。

「自分の身を守っただけのことで、こんな目にあわされるんだ」

これが、クローレーの最後の言葉であった。

この話の要点は、凶悪無類のクローレーでさえ、自分が悪いとは全然思っていなかったということだ。

こういう考え方をする犯罪者は、決して珍しくない。

「俺は働き盛りの大半を、世のため人のために尽くしてきた。ところが、どうだ――俺の得たものは、冷たい世間の非難と、お尋ね者の烙印《らくいん》だけだ」

と、嘆いたのは、かつて全米を震え上がらせた暗黒街の王者アル・カポネである。カポネほどの極悪人でも、自分では、悪人だと思っていなかった。それどころか、自分は慈善家だと大真面目で考えていた――世間は、彼の善行を誤解しているのだというのである。

ニューヨークでも第一級の悪人ダッチ・シュルツにしてもそうだ。ギャング仲間の出入りで命を落とす前のことだが、ある新聞記者会見の席で、シュルツは、自分のことを社会の恩人だと称していた。実際、自分ではそう信じていたのである。

この問題について、私は、シン・シン刑務所長から興味のある話を聞かされた。およそ受刑者で自分自身のことを悪人だと考えている者は、ほとんどいないそうだ。自分は一般の善良な市民と少しも変わらないと思っており、あくまでも自分の行為を正しいと信じている。なぜ金庫破りをしなければならなかったか、あるいは、ピストルの引き金を引かねばならなかったか、そのわけを実にうまく説明する。犯罪者は、たいてい、自分の悪事にもっともらしい理屈をつけて正当化し、刑務所に入れられているのは不当だと思い込んでいるものなのである。

右に挙げた極悪人たちでさえも、自分が正しいと思い込んでいるとすれば、彼らほどの悪人でない一般の人間は、自分のことを、いったいどう思っているのだろうか。

「三十年前に、私は人を叱りつけるのは愚の骨頂だと悟った。自分のことさえ、自分で思うようにはならない。天が万人に平等な知能を与えたまわなかったことにまで腹を立てたりする余裕はとてもない」

と言ったのは、アメリカの偉大な実業家ジョン・ワナメーカーである。

ワナメーカーは年若くしてこの悟りに達していたのだが、私は、残念ながら、四十歳近くになってやっと、人間はたとえ自分がどんなに間違っていても決して自分が悪いとは思いたがらないものだということが、わかりかけてきた。

他人のあら探しは、何の役にも立たない。相手は、すぐさま防御体制を敷いて、何とか自分を正当化しようとするだろう。それに、自尊心を傷つけられた相手は、結局、反抗心を起こすことになり、まことに危険である。

世界的に有名な心理学者B・F・スキナーは、動物の訓練では、良いことをした時にほうびをやった場合と、間違った時に罰を与えた場合とをくらべると、前の場合のほうがはるかによく物事を覚え、訓練の効果が上がることを実証した。また、その後の研究から、同じことが人間にも当てはまることが明らかにされている。批判するだけでは永続的な効果は期待できず、むしろ相手の怒りを買うのがおちである。

もう一人、偉大な心理学者ハンス・セリエはこう言う。

「我々は他人からの賞賛を強く望んでいる。そして、それと同じ強さで他人からの非難を恐れる」

批判が呼び起こす怒りは、従業員や家族・友人の意欲をそぐだけで、批判の対象とした状態は少しも改善されない。

オクラホマ州エニッドのジョージ・ジョンストンは、ある工場の安全管理責任者で、現場の作業員にヘルメット着用の規則を徹底させることにした。ヘルメットをかぶっていない作業員を見つけ次第、規則違反を厳しくとがめる。すると、相手は、不服げにヘルメットをかぶるが、目を離すと、すぐ脱いでしまう。

そこでジョンストンは、別の方法を考えた。

「ヘルメットってやつは、あんまりかぶり心地の良いもんじゃないよ、ねえ。おまけに、サイズが合ってなかったりすると、たまらんよ。——君のは、サイズ、合ってるかね」

まず、こう切り出して、そのあと、多少かぶり心地が悪くても、それで大きな危険が防げるのだから、ヘルメットは必ずかぶろうと話すのである。これで、相手は怒ったり恨んだりすることもなく、規則はよく守られるようになった。

人を非難することの無益さは、歴史にも多くの例がある。セオドア・ルーズヴェルト大統領とその後継者タフト大統領との有名な仲違いもその一つだ。この事件のために、二人の率いる共和党が分裂し、民主党のウッドロー・ウィルソンがホワイト・ハウスのあるじに収まったばかりか、第一次世界大戦にアメリカが加わることにもなって歴史の流れが変わってしまったのであるが、この事件を思い出してみよう。一九〇八年、ルーズヴェルトは大統領の地位を同じ共和党のタフトに譲り、自分はアフリカへライオン狩りに出かけた。ところが、しばらくして帰ってみると、タフトの政策はあまりに保守的だと世論の批判を浴びている。そこで、ルーズヴェルトは、次期大統領の指名を確保するために、革新党《ブル・ムース》を組織した。その結果、共和党は壊滅の危機にさらされ、次の選挙では、タフトを大統領候補に立てた共和党は、わずかバーモントとユタの二州で支持されただけで、共和党としては前例のない完敗ぶりだった。

ルーズヴェルトはタフトを責めた。しかし責められたタフトは、果たして自分が悪いと思っただろうか――もちろん、そうは思わなかった。

「どう考えてみても、私としては、ああする以外に、方法はなかった」

と、タフトは、悔し涙を目に浮かべて、人に語った。

この二人のうちどちらが悪いか、ということになると、正直なところ私にはわからないし、また、わかる必要もない。私が言いたいのは、ルーズヴェルトがどんなにひどくタフトを責めても、タフトに自分が悪かったと思わせることができなかったということだ。結果は、ただ、何とか自分の立場を正当化しようと躍起にならせ、「どう考えてみても、ああする以外に、方法はなかった」と、繰り返し言わせただけだ。

次に、もう一つの例、ティーポット・ドーム油田疑獄事件を取り上げてみよう。これはアメリカでも空前の大疑獄で、国民の憤激は数年にわたって収まらなかったほどの事件である。アルバート・フォールというのがこの疑獄の中心人物で、ハーディング大統領（アメリカ第二十九代大統領）のもとで内務長官の要職を占めていた男である。この男が、当時政府所有のティーポット・ドームとエルク・ヒルの油田貸与に関する実権を握っていた。もともと、この油田は、海軍用に確保しておくことになっていた。ところが、フォールは入札もせずに、いきなり友人のエドワード・ドヘニーと契約を結んでこれを貸与し、大儲けをさせてやった。それに対し、ドヘニーは〝貸付金〟と称して、十万ドルをフォールに融通した。すると、この内務長官は、海兵隊を動かして、その油田付近の他の業者を追い出しにかかった。エルク・ヒルの石油埋蔵量が近隣の油田の影響を受けて減少することを恐れたのだ。ところが、収まらないのは、銃や剣で追い立てられた連中で、彼らは大挙して法廷に訴え出た。こうして、一億ドルの汚職事件が、白日のもとにさらされることになったのである。この事件は、あまりにも醜悪で、とうとうハーディング大統領の命取りとなり、全国民の憤激を買って、共和党を危機におとしいれ、アルバート・フォールに投獄の憂き目を見せる結果となった。

フォールは、現職の官吏としては前例がないほどの重罪に処せられた。それで、フォールは、罪を悔い改めただろうか――〝否〟である。それから何年かののち、ハーバート・フーヴァー大統領が、ある講演会で、ハーディング大統領の死を早めたのは、友人フォールに裏切られた精神的苦悩だったと述べたことがある。すると、たまたまこれを聞いていたフォール夫人が、やにわに椅子から飛び上がると、泣きながら拳を振りまわして金切り声を上げた。

「何ですって? ハーディングがフォールに裏切られた? とんでもない! 私の夫は人を裏切ったことは一度もありません。この建物いっぱいの黄金を積んでも、夫を悪事に引き入れることはできません。夫こそ裏切られたのです。裏切られて殺された受難者です」

こういった具合に、悪い人間ほど自分のことは棚に上げて、人のことを言いたがる。それが人間の天性なのだ。ところが、これは悪人だけの話ではない。我々もまた同じだ。だから、もし他人を非難したくなったら、アル・カポネやクローレーやフォールの話を思い出していただきたい。人を非難するのは、ちょうど天に向かってつばをするようなもので、必ず我が身に返ってくる。人の過ちを正したり、人をやっつけたりすると、結局、相手は逆にこちらを恨んで、タフトのように、「ああする以外に、方法はなかった」と言うくらいが関の山だ。

一八六五年四月十五日の朝のこと、フォード劇場でブースの凶弾にたおれたエイブラハム・リンカーンは、劇場のすぐ向かいの、ある安宿のベッドに寝かされて死を待っていた。

ベッドが小さすぎて、リンカーンの長身は、斜めにその上へ寝かされている。部屋の壁には、ローザ・ボンヌールの有名な〝馬市〟の絵の安っぽい複製がかかっているだけ。薄暗いガス灯の炎が黄色く揺れていた。

この痛ましい光景を見守っていたスタントン陸軍長官は、「ここに横たわっている人ほど完全に人間の心を支配できた者は、世に二人とはいないだろう」と、つぶやいた。

それほど巧みに人間の心をとらえたリンカーンの秘訣は何か？　私は、リンカーンの生涯を十年間研究し、それから、まる三年かかって『知られざるリンカーン』という題の本を書き上げたのだが、リンカーンの人となりとその家庭生活についても、あますところなく研究し、その成果については、他人の追随を許さないと自負している。また、リンカーンの人の扱い方については特に念を入れて研究した。リンカーンは人を非難することに興味を持ったことがあるかというと、それが、おおありなのである。彼がまだ若くてインディアナ州のピジョン・クリーク・バレーという田舎町に住んでいた頃、人のあら探しをしただけでなく、相手をあざ笑った詩や手紙を書き、それをわざわざ人目につくように道ばたに落としておいたりした。その手紙の一つがもとになって、一生涯彼に反感を持つようになった者も現われた。

その後、スプリングフィールド（イリノイ州の州都）に出て弁護士を開業してからも、彼は、反対者をやっつける手紙を、新聞紙上に公開したりなどしていたが、とうとうやりすぎて、最後に、とんでもない目にあわされることになった。

一八四二年の秋、リンカーンは、ジェイムズ・シールズという見栄坊で喧嘩早いアイルランド生まれの政治屋をやっつけた。スプリングフィールド・ジャーナル紙に匿名の諷刺文を書き送ったのである。これが掲載されると、町中が大笑いした。感情家で自尊心の強いシールズは、もちろん怒った。投書の主が誰かわかると、早速馬に飛び乗り、リンカーンのところに駆けつけて決闘を申し込んだ。リンカーンは決闘には反対だったが、結局断り切れず、申し込みを受け入れることになり、武器の選択は、リンカーンにまかされた。リンカーンは腕が長かったので、騎兵用の広刃の剣を選び、陸軍士官学校出の友人に剣の使い方を教えてもらった。約束の日がくると、二人は、ミシシッピ川の砂州にあいまみえたが、いよいよ決闘がはじまろうとした時、双方の介添人が分け入り、この果たし合いは預かりとなった。

この事件では、さすがのリンカーンも肝を冷やした。おかげで、彼は、人の扱い方について、このうえない教訓を得たのである。二度と人を馬鹿にした手紙を書かず、人をあざけることをやめ、どんなことがあっても、人を非難するようなことは、ほとんどしなくなった。

それからずっとあとの南北戦争の時、ポトマック川地区の戦闘が思わしくないので、リンカーンは司令官を次々と取り替えねばならなかった。マクレラン、ポープ、バーンサイド、フッカー、ミードの五人の将軍を代えてみたが、揃いも揃ってへまばかりやる。リンカーンはすっかり悲観した。国民の半数はこの無能な将軍たちを痛烈に非難したが、リンカーンは〝悪意を捨てて愛をとれ〟と自分に言い聞かせて、心の平静を失わなかった。

「人を裁くな――人の裁きを受けるのが嫌なら」

というのが、彼の好んだ座右銘であった。

リンカーンは、妻や側近の者が、南部の人たちをののしると、こう答えた――

「あまり悪く言うのはよしなさい。我々だって、立場を変えれば、きっと南部の人たちのようになるんだから」

ところが、当然人を非難していい人間がこの世にいたとすれば、リンカーンこそ、その人なのである。一つだけ、例を挙げてみよう。

一八六三年の七月一日から三日間にわたって、ゲティスバーグ（ペンシルバニア州南部の都市）に、南北両軍の激戦が繰り広げられた。四日の夜になると、リー将軍指揮下の南軍が、おりからの豪雨に紛れて後退をはじめた。敗軍を率いて、リー将軍がポトマック川まで退却してくると、川は夜からの豪雨で氾濫している。とても渡れそうもないし、背後には、勢いづいた北軍が迫っている。南軍はまったく窮地におちいったのである。リンカーンは、南軍を壊滅させ、戦争を即刻終結させる好機に恵まれたことを喜び、期待に胸をふくらませて、ミード将軍に、作戦会議は抜きにして、時を移さず追撃せよと命令した。この命令は、まず電報でミードに伝えられ、ついで、特使が派遣されて、直ちに攻撃を開始するように要請された。

ところが、ミード将軍は、リンカーンの命令とまるで反対のことをしてしまった。作戦会議を開いて、いたずらに時を過ごし、いろいろと口実をもうけて、攻撃を拒否した。そのうちに、川が減水して、リー将軍は南軍を率いて向こう岸へ退却してしまった。

リンカーンは、怒った。

「いったい、これはどういうことだ！」

彼は、息子のロバートをつかまえて叫んだ。

「くそっ！　何ということだ！　敵は袋のネズミだったじゃないか。こちらは、ちょっと手を伸ばすだけでよかったのに、私が何と言おうとも、味方の軍隊は指一本動かそうとはしなかったのだ。ああいう場合なら、どんな将軍でも、リーを打ち破ることができただろう。私でもやれたくらいだ」

ひどく落胆したリンカーンは、ミード将軍に宛てて一通の手紙を書いた。この頃のリンカーンは言葉遣いがきわめて控え目になっていたということを念のためにつけ加えておこう。だから、一八六三年に書かれたこの手紙によって、リンカーンがどれほど腹を立てて書いたか想像ができよう。

拝　啓

私は、敵将リーの脱出によってもたらされる不幸な事態の重大性を、貴下が正しく認識されているとは思えません。敵はまさに我が掌中にあったのです。追撃さえすれば、このところ我が軍の収めた戦果とあいまって、戦争は終結に導かれたに相違ありません。しかるに、この好機を逸した現在では、戦争終結の見込みはまったく立たなくなってしまいました。貴下にとっては、去る月曜日にリーを攻撃するのが最も安全だったのです。それをしも、やれなかったとすれば、彼が対岸に渡ってしまった今となって、彼を攻撃することは、絶対に不可能でしょう。あの日の兵力の三分の二しか、今では使えないのです。今後、貴下の活躍に期待することは無理なように思われます。事実、私は期待していません。貴下は千載一遇の好機を逃したのです。そのために、私もまたはかり知れない苦しみを味わっています。

ミード将軍がこの手紙を読んで、どう思っただろうか？

実は、ミードは、この手紙を読まなかった。リンカーンが投函しなかったからだ。この手紙は、リンカーンの死後、彼の書類の間から発見されたのである。

これは私の推測にすぎないが、おそらくリンカーンは、この手紙を書き上げると、しばらくの間、窓から外を眺めていたことだろう。そしてこうつぶやいたに違いない――

「待てよ、これは、あまり急がないほうがいいかもしれない。こうして、静かなホワイト・ハウスの奥に座ったまま、ミード将軍に攻撃命令を下すことは、いともたやすいが、もしも私がゲティスバーグの戦線にいて、この一週間ミード将軍が見ただけの流血を目の当たりにしていたとしたら、そして、戦傷者の悲鳴、断末魔の呻《うめ》き声に耳をつんざかれていたとしたら――たぶん、私も、攻撃を続行する気がしなくなったことだろう。もし私が、ミードのように生まれつき気が小さかったとしたら、おそらく、私も、彼と同じことをやったに違いない。それに、もう万事手遅れだ。なるほど、この手紙を出せば、私の気持ちは収まるかもしれない。だがミードは、どうするだろうか？　自分を正当化して、逆にこちらを恨むだろう。そして、私に対する反感から、今後は司令官としても役立たなくなり、結局は、軍を去らねばならなくなるだろう」

そこで、リンカーンは、この手紙を、前述のとおり、しまい込んだのに相違ない。リンカーンは過去の苦い経験から、手厳しい非難や詰問は、たいていの場合、何の役にも立たないことを知っていたのだ。

セオドア・ルーズヴェルトは大統領在任中、何か難局に出くわすと、いつも、居室の壁にかかっているリンカーンの肖像をあおぎ見て、

「リンカーンなら、この問題をどう処理するだろう？」

と、考えてみる習わしだったと、自ら語っている。

我々も、他人をやっつけたくなった時には、ルーズヴェルト大統領の真似をして、

「リンカーンなら、こういう場合に、どうするだろう？」

と、考えてみることにしようではないか。

マーク・トウェインは、時に腹を立てて、激越な手紙を書くことがあった。たとえば、こんな手紙がある。

「君には、死亡証明書が、ぜひとも必要だ。それをとるお手伝いなら、いつでも喜んで引

き受けましょう」

　また、ある時は、出版社の編集長に、次のような手紙を書き送った。

「私の原稿に手を入れて、綴りや句読点を変えるなど、大それた真似をする校正係に伝えていただきたい――以後、原稿どおり忠実に校正し、自分の考えは、自分の腐った脳みそに、しっかり練り込んで、悪臭がもれないように封をしておけと」

　こういう辛辣《しんらつ》な手紙を書くことで、マーク・トウェインは、気が軽くなった。おかげで、怒りも収まり、しかも、手紙からは、何の実害も生じなかった――奥さんが、こっそりとその手紙を抜き取って、発送しなかったからである。

　他人の欠点を直してやろうという気持ちは、確かに立派であり賞賛に価する。だが、どうしてまず自分の欠点を改めようとしないのだろう？　他人を矯正するよりも、自分を直すほうがよほど得であり、危険も少ない。利己主義的な立場で考えれば、確かにそうなるはずだ。

　自分の家の玄関が汚れているのに、隣の家の屋根の雪に文句をつけるなと教えたのは、東洋の賢人孔子である。

　私がまだ若かった頃の話だが、当時、私は、何とか人に存在を認めさせようとあせっていた。その頃アメリカの文壇で売り出していた作家リチャード・ハーディング・デイヴィスに、愚かしい手紙を出したことがある。ある雑誌に作家論を書くことになっていたので、彼の仕事のやり方を、直接問い合わせたわけだ。ちょうどその数週間前、ある人から手紙をもらったが、その末尾に次のような文句が記されていた――

「文責在記者」

この文句がすっかり気に入った。手紙の主は、おそろしく偉い多忙な要人に違いないと思った。私は少しも多忙ではなかったが、何とかデイヴィスに強い印象を与えようとして、つい、その文句を、手紙の終わりに借用してしまった。

デイヴィスは、返事の代わりに、私の手紙を送り返してきた。送り返された手紙の余白には「無礼もいい加減にしたまえ」と書きつけてあった。確かに、私が悪かった。それくらいの仕返しをされてもやむをえない。しかし、私も生身の人間で、やはり憤慨した。とても悔しかった。それから十年後にリチャード・ハーディング・デイヴィスの死を新聞で知った時、まず胸に浮かんだのは、恥ずかしながら、あの時の屈辱であった。

死ぬまで他人に恨まれたい方は、人を辛辣に批評してさえいればよろしい。その批評が当たっていればいるほど、効果はてきめんだ。

およそ人を扱う場合には、相手を論理の動物だと思ってはならない。相手は感情の動物であり、しかも偏見に満ち、自尊心と虚栄心によって行動するということをよく心得ておかねばならない。

英文学に光彩を添えたトーマス・ハーディーが小説を書かなくなったのは、心ない批評のせいであり、イギリスの天才詩人トーマス・チャタトンを自殺に追いやったのもまた批評であった。

若い時は人づきあいが下手で有名だったベンジャミン・フランクリンは、後年、非常に外交的な技術を身につけ、人を扱うのがうまくなり、ついに、駐仏アメリカ大使に任命された。彼の成功の秘訣は「人の悪口は決して言わず、長所をほめること」だと、自ら言っている。

　人を批評したり、非難したり、小言を言ったりすることは、どんな馬鹿者でもできる。そして、馬鹿者に限って、それをしたがるものだ。

　理解と寛容は、優れた品性と克己心を備えた人にしてはじめて持ち得る徳である。

　イギリスの思想家カーライルによれば、

「偉人は、小人物の扱い方によって、その偉大さを示す」

　有名なテスト・パイロットで航空ショーの花形ボッブ・フーヴァーは、ある時、サンディエゴの航空ショーを済ませ、ロサンゼルスの自宅へ向け飛んでいたが、その途中、三百フィートの上空で、エンジンが両方ともぱったりと止まってしまった。巧みな操縦で、そのまま着陸し、負傷者は出なかったが、機体はひどく損傷した。

　緊急着陸後、フーヴァーがまずやったことは、燃料の点検だった。案の定、この第二次世界大戦時代のプロペラ機に、ガソリンでなく、ジェット機用の燃料が積まれていたのである。

　飛行場に戻ったフーヴァーは整備を担当した男を呼んだ。若い整備士は、自分のミスを悟って、自責の念に打ちひしがれていた。頬には涙がとめどなく流れている。高価な飛行機が台なしになったばかりか、危うく三人の命が失われようとしたのだから、ショックは当然だろう。

フーヴァーの怒りは、想像にあまりある。このような言語道断の過ちを犯した男に、誇り高きベテランのパイロットが痛罵を与えたとしても不思議はない。ところが、フーヴァーは、叱らなかった。批判もしなかった。それどころか、整備士の肩に手をかけて、こう言った。

「君は、二度とこんなことを繰り返さない。私は確信している。確信している証拠に、明日、私のF―51の整備を君に頼もう」

あなたが、子供たちに小言を言いたくなったら、――あなたは、私がまた「小言はいけない」と言うのだろうと思っているに違いない。ところが、私は、そうは言わない。まず、アメリカ・ジャーナリズムの古典の一つといわれている『父は忘れる』という一文を読むようにすすめる。この文章は、最初ピープルズ・ホーム・ジャーナル誌の論説として発表されたが、のちにリーダーズ・ダイジェスト誌が要約して掲載した。

この『父は忘れる』は、ある瞬間の誠実な感情に動かされて書かれたものだが、読む者の心を深く動かす佳編として、今では不朽の文章となり、いろいろな場合に引用されて、社会に大きな反響を呼んでいる。

父は忘れる

リヴィングストン・ラーネッド

坊や、聞いておくれ。お前は小さな手に頬をのせ、汗ばんだ額に金髪の巻き毛をくっつけて、安らかに眠っているね。お父さんは、一人でこっそりお前の部屋にやってきた。今しがたまで、お父さんは書斎で新聞を読んでいたが、急に、息苦しい悔恨の念に迫られた。罪の意識にさいなまれてお前のそばへやってきたのだ。

お父さんは考えた。これまで私はお前にずいぶんつらく当たっていたのだ。お前が学校へ行く支度をしている最中に、タオルで顔をちょっとなでただけだと言って、叱った。靴を磨かないからと言って、叱りつけた。また、持ち物を床の上に放り投げたと言っては、どなりつけた。

今朝も食事中に小言を言った。食べ物をこぼすとか、丸呑みにするとか、テーブルにひじをつくとか、パンにバターをつけすぎるとか言って、叱りつけた。それから、お前は遊びに出かけるし、お父さんは駅へ行くので、一緒に家を出たが、別れる時、お前は振り返って手を振りながら、「お父さん、行ってらっしゃい!」と言った。すると、お父さんは、顔をしかめて、「胸を張りなさい!」と言った。

同じようなことがまた夕方に繰り返された。私が帰ってくると、お前は地面にひざをついて、ビー玉で遊んでいた。ストッキングはひざのところが穴だらけになっていた。お父さんはお前を家へ追い返し、友達の前で恥をかかせた。「靴下は高いのだ。お前が自分で金を儲けて買うんだったら、もっと大切にするはずだ!」——これが、お父さんの口から出た言葉だから、我ながら情けない！

それから夜になってお父さんが書斎で新聞を読んでいる時、お前は、悲しげな目つきをして、おずおずと部屋に入ってきたね。うるさそうに私が目を上げると、お前は、入口のところで、ためらった。「何の用だ」と私がどなると、お前は何も言わずに、さっと私のそばにかけよってきた。両の手を私の首に巻きつけて、私にキスした。お前の小さな両腕には、神様が植えつけてくださった愛情がこもっていた。どんなにないがしろにされても、決して枯れることのない愛情だ。やがて、お前は、ばたばたと足音を立てて、二階の部屋へ行ってしまった。

ところが、坊や、そのすぐあとで、お父さんは突然何とも言えない不安に襲われ、手にしていた新聞を思わず取り落としたのだ。何という習慣に、お父さんは、取りつかれていたのだろう！　叱ってばかりいる習慣——まだほんの子供にすぎないお前に、お父さんは何ということをしてきたのだろう！　決してお前を愛していないわけではない。お父さんは、まだ年端《としは》もいかないお前に、無理なことを期待しすぎていたのだ。お前を大人と同列に考えていたのだ。

お前の中には、善良な、立派な、真実なものがいっぱいある。お前の優しい心根は、ちょうど山の向こうから広がってくるあけぼのを見るようだ。お前がこのお父さんに飛びつき、お休みのキスをした時、そのことが、お父さんにははっきりわかった。他のことは問題ではない。お父さんは、お前にわびたくて、こうしてひざまずいているのだ。

お父さんとしては、これが、お前に対するせめてもの償いだ。昼間こういうことを話しても、お前にはわかるまい。だが、明日からは、きっと、よいお父さんになってみせる。お前と仲よしになって、一緒に喜んだり悲しんだりしよう。小言を言いたくなってもこらえよう。そして、お前がまだ子供だということを常に忘れないようにしよう。

お父さんはお前を一人前の人間と見なしていたようだ。こうして、あどけない寝顔を見ていると、やはりお前はまだ赤ちゃんだ。昨日も、お母さんに抱っこされて、肩にもたれかかっていたではないか。お父さんの注文が多すぎたのだ。

人を非難する代わりに、相手を理解するように努めようではないか。どういうわけで、相手がそんなことをしでかすに至ったか、よく考えてみようではないか。そのほうがよほど得策でもあり、また、面白くもある。そうすれば、同情、寛容、好意も、自ずと生まれ出てくる。

すべてを知れば、すべてを許すことになる。

イギリスの偉大な文学者ドクター・ジョンソンの言によると——

「神様でさえ、人を裁くには、その人の死後までお待ちになる」

まして、我々が、それまで待てないはずはない。

人を動かす原則

批判も非難もしない。苦情も言わない。

9 重要感を持たせる

人を動かす秘訣は、この世に、ただ一つしかない。この事実に気づいている人は、はなはだ少ないように思われる。しかし、人を動かす秘訣は、間違いなく、一つしかないのである。すなわち、自ら動きたくなる気持ちを起こさせること——これが、秘訣だ。

重ねて言うが、これ以外に秘訣はない。

もちろん、相手の胸にピストルをつきつけて、腕時計を差し出したくなる気持ちを起こさせることはできる。従業員に首を切るとおどして、協力させることもできる——少なくとも、監視の目を向けている間だけは。鞭《むち》やおどし言葉で子供を好きなように動かすこともできる。しかし、こういうお粗末な方法には、常に好ましくないはね返りがつきものだ。

人を動かすには、相手のほしがっているものを与えるのが、唯一の方法である。

人は、何をほしがっているか？

二十世紀の偉大な心理学者ジグムント・フロイトによると、人間のあらゆる行動は、二つの動機から発する——すなわち、性の衝動と、偉くなりたいという願望とである。

アメリカの第一流の哲学者であり教育家でもあるジョン・デューイ教授も、同様のことを、少し言葉を換えて言い表わしている。つまり、人間の持つ最も根強い衝動は、〝重要人物たらんとする欲求〟だというのである。〝重要人物たらんとする欲求〟とは、実に意味深い文句だ。本書では、それについて詳しく考えてみたいと思う。

人間は、何をほしがるか？——たとえほしいものはあまりないような人にも、あくまでも手に入れないと承知できないほどほしいものが、いくつかはあるはずだ。普通の人間なら、まず、次に挙げるようなものをほしがるだろう。

一、健康と長寿
二、食物
三、睡眠
四、金銭および金銭によって買えるもの
五、来世の命
六、性欲の満足
七、子孫の繁栄
八、自己の重要感

このような欲求は、たいていは満たすことができるものだが、一つだけ例外がある。この欲求は、食物や睡眠の欲求同様になかなか根強く、しかも、めったに満たされることがないものなのだ。つまり、八番目の〝自己の重要感〟がそれで、フロイトの言う〝偉くなりたいという願望〟であり、デューイの〝重要人物たらんとする欲求〟である。

リンカーンの書簡に「人間は誰しもお世辞を好む」と書いたのがある。優れた心理学者ウィリアム・ジェイムズは、「人間の持つ性情のうちで最も強いものは、他人に認められることを渇望する気持ちである」と言う。ここでジェイムズが、希望とか要望とか待望とかいう、なまぬるい言葉を使わず、あえて「渇望する」と言っていることに注意されたい。

これこそ人間の心を絶えず揺さぶっている焼けつくような渇きである。他人のこのような心の渇きを正しく満たしてやれる人はきわめてまれだが、それができる人にしてはじめて他人の心を自己の手中に収めることができるのである。葬儀屋といえども、そういう人が死ねば心から悲しむだろう。

自己の重要感に対する欲求は、人間を動物から区別している主たる人間の特性である。これについて面白い話がある。私がまだミズーリ州の田舎にいた子供の頃のことだが、父は、デューロック・ジャージー種の素晴らしい豚と、白頭の純血種の牛を飼っており、それを中西部各地の家畜品評会に出品して、一等賞を何度も獲得していた。父はそのおびただしい名誉のブルー・リボンを一枚の白いモスリンの布にピンでとめて並べ、来客があると、いつもその長いモスリンの布を持ち出した。布の一方の端を父が持ち、もう一方の端を私が持って、ブルー・リボンを客に披露するわけである。

豚は自分が得た賞にはまるで無関心だが、父のほうは大変な関心を示していた。つまり、この賞は、父に自己の重要感を与えたのである。

もし、我々の祖先が、この燃えるような自己の重要性に対する欲求を持っていなかったとすれば、人類の文明も生まれてはいなかったことだろう。

無教育で貧乏な一食料品店員を発奮させ、前に彼が五十セントで買い求めた数冊の法律書を、荷物の底から取り出して勉強させたのは、自己の重要感に対する欲求だった。この店員の名は、ご存じのリンカーンである。

イギリスの小説家ディケンズに偉大な小説を書かせたのも、十八世紀のイギリスの名建築家サー・クリストファー・レンに不朽の傑作を残させたのも、また、ロックフェラーに生涯かかっても使い切れない巨万の富をなさしめたのも、すべて自己の重要感に対する欲求である。金持ちが必要以上に大きな邸宅を建てるのも、やはり、同じ欲求のためである。

最新流行のスタイルを身につけたり、自家用の新車を乗りまわしたり、我が子の自慢話をしたりするのも、皆この欲求あるがためにほかならない。

数多くの少年たちが悪の道に引き込まれるのもこの欲求からで、ニューヨークの警視総監だったマルルーネーは、こう言っている。

「近頃の青少年犯罪者は、まるで自我の塊のようなものだ。逮捕後、彼らの最初の要求は、自分を英雄扱いにして書き立ててある新聞を見せてくれということだ。自分の写真が、スポーツの名選手、映画やテレビのスター、有名な政治家などの写真と一緒に載っているのを眺めていると、電気椅子に座らされる心配などは、はるか彼方へ遠ざかってしまう」

自己の重要感を満足させる方法は、人それぞれに違っており、その方法を聞けば、その人物がどういう人間であるかがわかる。自己の重要感を満足させる方法によって、その人間の性格が決まるのである。これは、大変意味のあることで、たとえば、ジョン・D・ロックフェラーにとって自己の重要感を満たす方法は、見ず知らずの中国の貧民のために、北京に近代的な病院を建てる資金を寄付することであった。ところが、ディリンジャーという男は、同じく自己の重要感を満足させるために、泥棒、銀行破り、ついには殺人犯になってしまった。Gメンに追われ、ミネソタの農家にかけ込んだ時、彼は、

「俺はディリンジャーだ！」

と言った。自分が凶悪犯人であることを誇示したのである。

「俺は、お前たちをやっつけたりする気はないよ。しかし、俺は、ディリンジャーだ！」

ディリンジャーとロックフェラーとの重要な違いは、自己の重要感を満たすためにとった方法の差である。

有名人が自己の重要感を満たすために苦労した興味ある例は、史上いたるところに見受けられる。ジョージ・ワシントンでさえ、〝合衆国大統領閣下〟と呼んでもらいたがった。コロンブスも〝海軍大提督、インド総督〟という称号がほしかったのである。ロシアのカ

ザリン女帝は、自分宛ての手紙で上書きに〝陛下〟と書いていないものは見向きもしなかったし、また、リンカーン夫人は、大統領官邸でグラント将軍夫人に向かって、

「まあ、何てあなたは図々しいんでしょう！　私がおかけなさいとも言わないうちに、腰を下ろしてしまうなんて！」

と、恐ろしい剣幕で叫んだ。

一九二八年のバード少将の南極探検に、アメリカの億万長者たちは資金の援助をしたが、それには、南極の山脈に援助者たちの名を冠するという条件がついていた。また、フランスの大作家ヴィクトル・ユーゴーは、パリを、自分にちなんだ名に変更させるという大変な望みを抱いていた。あの偉大なシェイクスピアでさえ、自分の名に箔《はく》をつけるために、金を積んで家紋を手に入れたのである。

他人の同情と注意をひいて自己の重要感を満足させるために、病気をする人も、時にはある。たとえば、マッキンレー大統領夫人である。彼女は、自己の重要感を満たすため、夫であるマッキンレー大統領に重大な国事をおろそかにさせ、寝室にはべらせて、自分が寝入るまで何時間も愛撫を続けさせたのである。また、夫人は、歯の治療を受けている間ずっと夫をそばから離さず、それによって、人の注意を引きつけたいという自己の欲求を満足させていたが、ある時、大統領は他に約束があって、どうしても夫人を歯科医のもとに残したまま、出かけねばならないことになった。大騒動が持ち上がったことはもちろんである。

私は、ある若い元気な女性が自己の重要感を満足させるために病人になった話を聞いたことがある。この女性は、ある日、何か得体の知れない壁につき当たったような気がした。おそらく、その壁は彼女の年齢だったのだろう。婚期はすでに去り、前途には希望のない孤独な年月が彼女を待っているばかりだ。

ついに、その女性は、病いの床についてしまった。それからの十年間、彼女の年老いた母が、毎度の食事を三階の寝室へ運んで彼女の看病を続けた。ところが、ある日、看病に疲れ果てた老母が倒れて、そのまま死んでしまった。病人は、悲嘆に暮れて数週間を過ごしたが、やがてベッドから起き上がると身なりを整え、もとどおりの元気を取り戻した。

専門家の話によると、現実の世界では自己の重要感を満たせないので、狂気の世界でその満足を得ようとして、実際に精神に異常を来す人もあるということだ。アメリカの病院には、精神病患者が、他の病気の患者全部を合わせた数よりも多く収容されている。

精神異常の原因は何か？

こういう大雑把な質問には、誰でも返答に困ると思うが、ある種の病気、たとえば、梅毒などにかかると、脳細胞が冒されて、発狂することはわかっている。事実、精神病者の約半数は、脳組織障害、アルコール、毒素、外傷などの身体的原因によるものだが、あとの半数は、恐ろしい話だが、その脳細胞には何ら組織的な欠陥が認められないという。死体を解剖して、脳組織を最優秀の顕微鏡で調べてみても、常人と少しも変わっていないそうである。

脳組織に異常のない者がなぜ狂人になるのだろう？

私は、かつてこのことを、ある一流の精神科病院の院長に質してみた。この院長は、精神病の最高権威と認められている人物だが、その人が、「正直なところ、そういう人間がなぜ精神に異常を来すか、私にもわからない」と言っていた。確かなことは、誰も知らないのだ。しかし、現実の世界では満たされない自己の重要感を得るために、狂人になる人が大勢いることは確かだと、この院長は言う。それについて、次のような話を聞かせてくれた。

「今、私の手元に、結婚に失敗した患者が一人いる。女性の患者だが、彼女は、愛情、性の満足、子供、社会的地位などを期待して結婚生活に入った。ところが、現実は、彼女の希望を無残に踏みにじってしまった。夫は、彼女を愛してくれない。食事もともにしようとはせず、自分の食事だけ二階の自室へ運ばせる。子供も生まれないし、社会的地位も思わしくない。彼女は、精神に異常を来した。そして、狂気の世界で、彼女は、夫と離婚し、旧姓を名のるようになった。今では、イギリスの貴族と結婚していると信じており、スミス侯爵夫人と呼んでもらわねば承知しない。また、子供については、彼女は、赤ん坊を毎晩産んでいると思い込んでいる。私が診察するたびに、彼女は昨夜赤ちゃんが生まれたと報告する」

彼女の夢を託した船はことごとく、現実という暗礁に乗り上げて、こなごなに打ち砕かれてしまったが、今や、彼女は、狂気という輝かしい空想の世界にあり、彼女の夢をのせた船は、順風を帆に受けて、次々と港に安着しているのだ。

これは、悲劇だろうか？　私にはわからない。その医者もこう言っている。

「仮に私が、ただ手を差し出すだけで、彼女の異常を治せるとしても、私は、そうする気にはなれない。今のままのほうが、彼女は、よほど幸福なのだ」

自己の重要感を渇望するあまりに、狂気の世界にまで入って、それを満たそうという者も、世の中にはいるのだ。だとすると、我々が正気の世界でこの望みを満たしてやることにすれば、どんな奇跡でも起こすことができるはずではないか。

週給五十ドルが、かなりの高給とされていた時代に、年俸百万ドル以上の給料を取った数少ない実業家の一人に、チャールズ・シュワッブがいる。シュワッブは、一九二一年にUSスチール社が設立された時、アンドリュー・カーネギーが社長に迎えた人物である。シュワッブはまだ三十八歳の若さだった。

アンドリュー・カーネギーが、このシュワッブという男に、どういうわけで、百万ドル、すなわち一日に三千ドル以上もの給料を支払ったか？　シュワッブが天才だからだろうか？　違う。製鉄の最高権威だからだろうか？　とんでもない。シュワッブに言わせると、彼の使っている大勢の部下のほうが、鉄のことなら、彼よりもはるかによく知っているそうだ。

シュワッブがこれだけの給料をもらう主な理由は、彼が人を扱う名人だからだと自分で言っている。どう扱うのかと尋ねてみると、次のような秘訣を教えてくれた。これは、まさに金言である。銅板に刻んで、各家庭、学校、商店、事務所などの壁にかけておくとよい。子供たちもラテン語の動詞変化や、ブラジルの年間雨量などを覚えるひまに、この言葉を暗記すべきだ。この言葉を活用すれば、我々の人生は、大きく変貌するだろう。

「私には、人の熱意を呼び起こす能力がある。これが、私にとっては何物にも代えがたい宝だと思う。他人の長所を伸ばすには、ほめることと、励ますことが何よりの方法だ。上役から叱られることほど、向上心を害するものはない。私は決して人を非難しない。人を働かせるには激励が必要だと信じている。だから、人をほめることは大好きだが、けなすことは大嫌いだ。気に入ったことがあれば、心から賛成し、惜しみなく賛辞を与える」

これが、シュワッブのやり方である。ところが、一般の人はどうか？　まるで反対だ。気に入らなければめちゃくちゃにやっつけるが、気に入れば何も言わない。

「私は、これまでに、世界各国の大勢の立派な人々とつきあってきたが、どんなに地位の高い人でも、小言を言われて働く時よりも、ほめられて働く時のほうが、仕事に熱がこもり、出来具合もよくなる。その例外には、まだ一度も出会ったことがない」

と、シュワッブは断言する。

実は、これが、アンドリュー・カーネギーの大成功の鍵なのだと、シュワッブは言っている。カーネギー自身も、他人を、公私いずれの場合にも、ほめたたえたのである。

カーネギーは、他人のことを、自分の墓石にまで刻んで賞賛しようとした。彼が自ら書いた墓碑銘は、こうである。

「おのれよりも賢明なる人物を身辺に集むる法を心得し者ここに眠る」

真心を込めて感謝するのが、ロックフェラーの人扱いの秘訣であった。次のような話がある。エドワード・ベッドフォードという彼の共同出資者がいたが、ある時、この男は南米で馬鹿げた買いつけの失敗をやり、会社に百万ドルの損害を与えた。他の人間なら、おそらく、小言を言っただろう。ところが、ロックフェラーは、ベッドフォードが最善を尽くしたことを知っていた。それに、事件は終わってしまっている。そこで、彼は、逆に相手をほめる材料を見つけた。つまり、ベッドフォードが、投資額の六十パーセントまで回収できたことをほめたたえたのである。

「素晴らしい。あれだけ回収できたのは大手柄だ」

ジーグフェルドといえば、ブロードウェイを沸かせた大興行師だが、どんな女の子でも素敵な美人に仕立て上げる巧妙な手腕のおかげで、名声を得たのである。誰の目もひかないみすぼらしい小娘を見つけてくるのだが、その小娘が舞台に立つと、怪しくも魅惑的な艶姿に変わっているのである。賞賛し、信頼することが持つ力を知っていた彼は、親切心と思いやりとで、女たちに自分は美しいのだと思わせたのである。彼は口先だけでなく実際に、コーラス・ガールの給料を一週三十ドルから百七十五ドルにまで引き上げてやった。さらに、紳士的な作法も心得ていた。初日の晩には、出演のスターたちに祝電を打ち、コーラス・ガール全員に豪華なバラの花束を、ふんだんに贈り届けたのである。

ある時、私は、物好きな気持ちから断食を試みたくなり、六昼夜何も食べずに過ごしたことがある。さほど難しいことでもなかった。六日目の終わりよりも、二日目の夜のほうが、つらかった。ところで、仮に家族や使用人に、六日間も食べ物を与えないでおいたとすると、我々は一種の罪悪感を覚えるだろう。それでいて、食べ物と同じくらいに誰もが渇望している心のこもった賛辞となると、六日間はおろか六週間も、時には六年間も与えないまま放ったらかしておくのだ。

『ウィーンの再会』という有名な劇で主役を演じた名優アルフレッド・ラントも、「私に最も必要な栄養物は、自己評価を高めてくれる言葉だ」と言っている。

我々は、子供や友人や使用人の肉体には栄養を与えるが、彼らの自己評価には、めったに栄養を与えない。牛肉やジャガイモを与えて体力をつけてはやるが、優しいほめ言葉を与えることは忘れている。優しいほめ言葉は、夜明けの星の奏でる音楽のように、いつまでも記憶に残り、心の糧になるものなのだ。

ポール・ハーヴェイはラジオのレポーターとして知られているが、『後日物語』と題した番組の中で、心からの賞賛で一人の人間の人生が変わる話をしていた。何年も前、デトロイトのある学校の女先生が、授業中に逃げた実験用のネズミを、スティーヴィー・モリスという少年に頼んで、探し出してもらった。この先生がスティーヴィーにそれを頼んだのは、彼が、目は不自由だが、その代わりに、素晴らしく鋭敏な耳を天から与えられていることを知っていたからである。素晴らしい耳の持ち主だと認められたのは、スティーヴィーとしては、生まれてはじめてのことだった。スティーヴィーの言葉によれば、実にその時——自分の持つ能力を先生が認めてくれたその時に、新しい人生がはじまった。それ以来、彼は、天から与えられた素晴らしい聴力を生かして、ついには「スティーヴィー・ワンダー」の名で、一九七〇年代有数の偉大な歌手となったのである。

「何だ、たわいもない！　お世辞！　ごきげんとり！　古臭い手だ！　そんな手は、とっくに実験済みだ！　知性のある人間には、まるで効き目はないさ！」

読者のうちには、ここまで読んで、こう思っている方もあるだろう。

もちろん、お世辞は、分別のある人には、まず通用しないものだ。お世辞というものは、浅薄で、利己的で、誠意のかけらもない。それが通用しなくて当たり前だし、また、事実、通用しない。もっとも、餓死寸前の人間が草でも虫でも手当たり次第に食べるように、何もかも鵜呑みにしてしまう賛辞に飢えた人々も世の中にいることは事実だ。

イギリスのヴィクトリア女王でさえ、お世辞を喜ぶ傾向があった。時の宰相ディズレーリも、女王に対しては、お世辞をふんだんに言ったと、自ら言っている。彼の言葉を借りれば、〝こてで塗るように〟お世辞を言った。彼は大英帝国歴代の宰相のうちでも、まれに見る洗練された社交の天才である。ディズレーリが用いて有効な方法も、我々が用いれば、必ずしも有効とは限らない。結局のところ、お世辞というものは、利益よりはむしろ害をもたらすものだ。お世辞は、偽物である。偽金と同様、通用させようとすると、いずれは、厄介な目にあわされる。

お世辞と感嘆の言葉とは、どう違うか？　答えは、簡単である。後者は真実であり、前者は真実でない。後者は心から出るが、前者は口から出る。後者は没我的で、前者は利己的である。後者は誰からも喜ばれ、前者は誰からも嫌われる。

私は最近メキシコ・シティーのチャパルテペック宮殿を訪ねたが、そこにオプレゴン将軍の胸像があった。胸像の下に、次のような将軍の信条が刻まれていた。

「敵は恐るるに足らず。甘言をろうする友を恐れよ」

甘言をろうする――とんでもない。私は、甘言をろうすることをすすめたりしているのではは絶対にない。私がすすめているのは、〝新しい生活法〟なのだ。繰り返して言うが、私は〝新しい生活法〟をすすめているのだ。

イギリス国王ジョージ五世は、バッキンガム宮殿内の書斎に、六条の金言を掲げていた。その一つに、「安価な賞賛は、これを与えることなく、また、受くることなきを期せよ」とあった。お世辞は、まさに「安価な賞賛」である。また、お世辞の定義について、次のように述べた本を読んだこともある。

「相手の自己評価にぴったり合うことを言ってやること」

これは、心得ておいてよい言葉だ。

アメリカの思想家エマーソンは、「人間は、どんな言葉を用いても、本心を偽ることはできない」と戒めている。

もしもお世辞を使いさえすれば万事うまくいくというのであれば、誰でも皆お世辞を使うようになり、世の中は、人を動かす名人ばかりになるだろう。

人間は、何か問題があってそれに心を奪われている時以外は、たいてい、自分のことばかり考えて暮らしている。そこで、しばらく自分のことを考えるのをやめ、他人の長所を考えてみることにしてはどうだろう。他人の長所がわかれば、見えすいた安っぽいお世辞などは使わなくても済むようになるはずだ。

他人の真価を認めようと努めるのは、日常生活では非常に大切な心がけであるが、ついおろそかになりがちである。子供が学校から良い成績をもらって帰ってきても、ほめてやることを怠り、はじめてケーキがうまく焼けたり、小鳥の巣箱がつくれたりしても、励ましの言葉をかけてやることもなかなかしない。子供にとって、親が示してくれる関心や、賞賛の言葉ほどうれしいものはないのである。

今後は、クラブの食堂で出された料理が気に入ったら、早速それをつくったシェフに賛辞を伝えてもらい、丁重な態度で接してくれた売り子には、その応対に感謝の意を伝えるようにしていただきたい。

大勢を相手に話す牧師や講演者は、自分の話に対してまったく反応が返ってこないような時には、耐えがたい失望を味わわされる。これは、このような人たちに限らず、会社や商店や工場で働く人たち、そして我々の家族や友人についても同じで、人間は例外なく他人から評価を受けたいと強く望んでいるのだ。この事実を、決して忘れてはならない。

深い思いやりから出る感謝の言葉を振りまきながら日々を過ごす――これが、友をつくり、人を動かす秘訣である。

コネティカット州ニュー・フェアフィールドのパメラ・ダナムという女性は、労務管理を担当していたが、用務員のうちに、勤務ぶりの悪い男がいた。他の従業員が、わざと廊下を散らかして掃除のやり方が悪いのを当てこすり、おかげで生産性まで低下する始末だった。

パメラは、この男にやる気を出させようと懸命だったが、やがて、この男がたまにはまともな仕事をすることがあるのに気がついた。そこで、そのような時は、他の連中の前でほめてやることにした。すると、彼の仕事ぶりが次第に良くなり、今では申し分ない仕事ぶりで、誰からも評価され、認められるようになったという。批判や嘲笑が役に立たなかったのに、率直な評価が良い結果をもたらした例である。

人の気持ちを傷つけることで人間を変えることは絶対にできず、まったく無益である。これについて古い名言があり、私はそれを切り抜いて、毎日見る鏡に貼ってある。

「この道は一度しか通らない道。だから、役に立つこと、人のためになることは今すぐやろう――先へ延ばしたり忘れたりしないように。この道は二度と通らない道だから」

エマーソンは、また、こうも言っている。

「どんな人間でも、何かの点で、私よりも優れている――私の学ぶべきものを持っているという点で」

エマーソンにしてこの言葉あり、ましてや我々凡俗はなおさらである。自分の長所、欲求を忘れて、他人の長所を考えようではないか。そうすれば、お世辞などはまったく無用になる。嘘でない心からの賞賛を与えよう。シュワッブのように、〝心から賛成し、惜しみなく賛辞を与え〟よう。相手は、それを、心の奥深くしまい込んで、終生忘れないだろう——与えた本人が忘れても、受けた相手は、いつまでも忘れないで慈しむだろう。

人を動かす原則

率直で、誠実な評価を与える。

10 人の立場に身を置く

夏になると、私はメーン州へ魚釣りにいく。ところで、私はイチゴミルクが大好物だが、魚は、どういうわけかミミズが好物だ。だから魚釣りをする場合、自分の好物のことは考えず、魚の好物のことを考える。イチゴミルクを餌に使わず、ミミズを針につけて魚の前に差し出し、「一つ、いかが」とやる。人を釣る場合にも、この常識を利用していいわけだ。

イギリスの首相ロイド・ジョージは、これを利用した。第一次世界大戦中、彼とともに活躍した連合国の指導者、ウィルソン、オーランド、クレマンソーらが、とっくに世間から忘れられているのに、彼一人が相変わらずその地位を保持していた。その秘訣を問われて、彼は、「釣り針には魚の好物をつけるに限る」と答えた。

自分の好物を問題にする必要がどこにあるだろう？　そんなことを問題にするのは、子供じみた、馬鹿馬鹿しい話だ。もちろん、我々は、自分の好きなものに興味を持つ。生涯持ち続けるだろう。しかし、自分以外には、誰も、そんなものに興味を持ってはくれない。誰も彼も、我々同様、自分のことでいっぱいなのだ。

だから、人を動かす唯一の方法は、その人の好むものを問題にし、それを手に入れる方法を教えてやることだ。これを忘れては、人を動かすことはおぼつかない。たとえば、自分の息子に煙草を吸わせたくないと思えば、説教はいけない。自分の希望を述べることもいけない。煙草を吸う者は野球の選手になりたくてもなれず、百メートル競走に勝ちたくても勝てないということを説明してやるのだ。

この方法を心得ていると、子供でも、子牛でも、またチンパンジーでも、意のままに動かすことができる。こういう話がある。エマーソンとその息子が、小牛を小屋に入れようとしていた。ところがエマーソン親子は、世間一般にありふれた誤りを犯した——自分たちの希望しか考えなかったのである。息子が小牛を引っ張り、エマーソンが後ろから押した。小牛もまたエマーソン親子とまったく同じことをやった——すなわち、自分の希望しか考えなかった。四肢を踏んばって動こうとしない。見かねたアイルランド生まれのお手伝いが、加勢にやってきた。彼女は、論文や書物は書けないが、少なくともこの場合は、エマーソンよりも常識をわきまえていた。つまり、小牛が何をほしがっているかを考えたのだ。彼女は、自分の指を小牛の口に含ませ、それを吸わせながら、優しく小牛を小屋へ導き入れたのである。

人間の行為は、何かをほしがることから生まれる。赤十字社に百ドルを寄付する行為は、どうか？　これも、決してこの法則から外れているわけではない。人を救いたいと欲したからだ。神のように美しい没我的な行為をしたいと思ったからだ――〝貧しき兄弟に尽くすは、すなわち主に尽くすことなり〟。美しい行為から生まれる喜びよりも百ドルのほうがいいと思う人は、寄付などはしないだろう。もちろん、断るのは気がひけるとか、日頃ひいきになっている人に頼まれたとかの理由から寄付をする場合もあろう。しかし、寄付をした以上、何かを欲したことだけは確かである。

アメリカの心理学者オーヴァストリート教授の名著『人間の行為を支配する力』に次のような言葉がある。

「人間の行動は、心の中の欲求から生まれる……だから、人を動かす最善の法は、まず、相手の心の中に強い欲求を起こさせることである。商売においても、家庭、学校においても、あるいは政治においても、人を動かそうとする者は、このことをよく覚えておく必要がある。これをやれる人は、万人の支持を得ることに成功し、やれない人は、一人の支持者を得ることにも失敗する」

鉄鋼王アンドリュー・カーネギーも、もとはスコットランド生まれの貧乏人にすぎなかった。はじめは一時間二セントの給料しかもらえなかったが、ついには各方面への寄付金が三億六千五百万ドルに達するまでになった。彼は、若い頃すでに、人を動かすには、相手の望む事柄を考えて話すより他に方法はないと悟っていた。学校へは四年間しか行かなかったが、人を扱う法は知っていたのである。

こういう話がある。カーネギーの義妹は、エール大学に行っている息子二人のことで、病気になるほど心配していた。二人とも自分のことだけ考えて、家には手紙を一通もよこさないのである。彼らの母がいくら躍起になって手紙を出しても、返事がこない。

カーネギーは、甥たちに手紙を書いて、返事をくれと書かずに、返事を出させることができるかどうか、百ドルの賭けをしようと言い出した。賭けに応じる者がいたので、彼は甥たちに手紙を出した。とりとめもないことを書いた手紙である。ただ追伸に、二人に五ドルずつ送ると書き添えた。しかし、その金は同封しなかった。甥たちからは、すぐ感謝の返事が来た。

「アンドリュー叔父さま、お手紙ありがとう……」――あとの文句は、ご想像にまかせる。

人を説得する例をもう一つ――

クリーブランドのスタン・ノヴァク氏が、私の講習会で報告したところによると、ある日の夕方、帰宅してみると末の息子ティムが居間の床の上にひっくり返って泣きわめいていた。ティムは、その翌日から幼稚園に入るのだが、行くのが嫌だと駄々をこねているのだ。いつものスタンだったらティムを子供部屋に閉じ込めて、「幼稚園に行くんだ。聞きわけなさい」とどなりつけたことだろう。それで、ティムは否応なく幼稚園に行かされることになるわけだ。ところが、そういうやり方では、ティムを入園させることはできても、幼稚園を好きにならせることは難しいだろう。そこで、スタンは、まず椅子に腰を下ろしてこう考えた。

「もし私がティムだったら、幼稚園に入る一番の楽しみは何だろう?」スタンは奥さんと二人で、幼稚園でやる面白いこと、たとえばフィンガー・ペインティング(指に絵具をつけて絵を描くこと)、唱歌、それに新しい友達など、いろいろ考えてリストをつくった。そこで、作戦開始だ。

「まず妻と私、それに長男のボブも動員して楽しそうに台所のテーブルの上でフィンガー・ペインティングをはじめたのです。やがてティムが台所をこっそりのぞき込む。そのうちに自分も入れてくれと言い出す。『ティムは駄目! 幼稚園でフィンガー・ペインティングのやり方を教わってからじゃないと駄目だよ』。そのあと、私は興奮を抑え切れないといった調子で、先ほどのリストの項目を挙げ、幼稚園の楽しさをわかりやすく話してやったのです。そして翌朝、自分が一番早起きしたらしいと思いながら二階の寝室から居間におりてみると、ティムが椅子で眠っているではありませんか。『こんなところで何してるの?』と尋ねると、『幼稚園に遅れるといけないから、ここで待ってるの』と言います。どうやら家族全員が夢中になって楽しんだおかげで、お説教やおどしなどではとうてい望めない〝幼稚園へ行きたい〟という気持ちを起こさせることができたようです」

人を説得して何かやらせようと思えば、口を開く前に、まず自分に尋ねてみることだ──

「どうすれば、そうしたくなる気持ちを相手に起こさせることができるか?」

これをやれば、自分勝手な無駄口を相手に聞かせずに済むはずだ。

私は、ある講習会を開くために、ニューヨークのあるホテルの大広間を、毎シーズン二十日間、夜だけ借りている。あるシーズンのはじめ、使用料を従来の三倍近くの額に引き上げるという通知を突然受け取った。その時には、すでに聴講券は印刷済みで、前売りされていた。私にしてみれば当然そういう値上げを承知する気にはなれない。しかし、私の気持ちをホテルに伝えてみたところで、何にもならない。ホテル側は、ただホテルのことだけしか考えていないのだ。そこで、二日ほどしてから、支配人に会いに出かけた。

「あの通知をいただいた時は、ちょっと驚きました。しかし、あなたを責めるつもりはありません。私も、あなたの立場にいたら、たぶんあれと同じ手紙を書いたことでしょう。ホテルの支配人としては、できる限り収益を上げるのが務めです。それができないような支配人なら当然首でしょう。ところで、今度の値上げですが、値上げがホテルにどのような利益と不利益をもたらすか、それぞれ書きわけて表をつくってみようではありませんか」

そう言って、私は便箋を手にとり、その中央に線を引いて、〝利益〟と〝不利益〟との欄をつくった。私は、〝利益〟の欄に〝大広間があく〟と書き込んで言葉を続けた。

「あいた大広間を、ダンスパーティーや集会用に自由に貸すことができるという利益が生まれます。これは、確かに大きな利益です。講習会用に貸すよりも、よほど高い使用料が取れるでしょう。二十日間も大広間を夜ふさがれてしまうことは、ホテルにとっては、大きな損失に違いありません。

さて、今度は不利益について考えてみましょう。まず第一に、私から入るはずの収益が増えないで、逆に減ることになります。減るどころか、一銭も入りません——私は、あなたのおっしゃるとおりの使用料を払うことができませんので、講習会は、どこか他の場所でやらざるをえなくなりますから。

それに、もう一つ、ホテルにとって不利益なことがあります。この講習会には、知識人や文化人が大勢集まってきますが、これはホテルにとって素晴らしい宣伝になるのではありませんか。事実、新聞広告に五千ドル使ったところで、この講習会に集まるだけの人数が、ホテルを見にくるとは思えません。これは、ホテルにとって大変有利ではないでしょうか」

以上二つの〝不利益〟を、該当の欄に書き込んで、便箋を支配人に渡した。

「ここに書いた利益と不利益をよくお考えの上で、最終的なお答えを聞かせてください」

翌日、私は使用料を三倍でなく五割増しにするという通知を受け取った。

この問題について、私は自分の要求を一言も口にしなかったことにご注意願いたい。終始、相手の要求について語り、どうすればその要求が満たせるかを話したのである。

仮に、私が人間の自然な感情に従い、支配人の部屋にかけ込んで、こうどなったとする――「君！　今さら三倍に値上げとはけしからん。入場券は出来上がっているし、発表もしてしまったことを、君も知っているはずだ。三倍！　馬鹿馬鹿しい、誰が払うものか！」

そうすると、どういうことになっただろう？　互いに興奮し、口角泡を飛ばして、その結果は――言わずと知れている。たとえ、私が相手を説き伏せて、その非を悟らせたとしても、相手は引き下がるまい。自尊心がそれを許さないだろう。

自動車王ヘンリー・フォードが人間関係の機微に触れた至言を残している──

「成功に秘訣というものがあるとすれば、それは、他人の立場を理解し、自分の立場と同時に、他人の立場からも物事を見ることのできる能力である」

実に味わうべき言葉ではないか。まことに簡単で、わかりやすい道理だが、それでいて、たいていの人は、たいていの場合、見逃している。

その例は、いくらでもある。毎朝配達されてくる手紙がそれだ。たいていの手紙はこの常識の大原則を無視している。一例として、全国に支社を持つある広告会社の放送部長から各地方放送局長宛てに送られた手紙を取り上げてみよう（かっこ内は私の批評である）。

拝　啓　弊社はラジオ広告の代理業者として常に第一流たらんと念願しています。

［君の会社の念願など、誰が知るものか。こちらは頭の痛くなるような問題を山ほど抱えている。家は抵当流れになりそうだし、大事な植木は虫にやられて枯れかかっている。株は暴落。今朝は通勤列車に乗り遅れるし、昨夜はどうしたわけかジョンズ家の舞踏会に招待されなかった。医者には高血圧だの神経炎だのと言われる。そのうえ、どうだろう──いらいらしながら事務所に着くと、この手紙だ。ニューヨークあたりの若造に手前勝手な世迷い言を聞かされてたまるもんか。この手紙が相手にどんな印象を与えるかわからないようなら、広告業なんかやめて、羊の洗剤でもつくったらどうだ］

我が国の放送事業発足以来、弊社の業績はまことに顕著で、常に業界の首位を占めています。

「なるほど、君の会社は大規模で、業界第一だと言うんだな――で、それが、どうした。たとえ君の会社が、ゼネラル・モーターズとゼネラル・エレクトリックの二大会社を合わせたより何倍も大きいとしても、そんなことはどうでもいい。こちらは、君の会社の大きさよりも自分の会社の大きさのほうが気になっている。せめて馬鹿な小鳥の半分ほどの神経でも持ち合わせていたら、それくらいのことはわかりそうなものだ。君の会社の自慢を聞かされていると、こちらがけなされているような気がする」

弊社は常に各放送局の最近の状況に通じていることを念願しています。

「また、君の念願か！　馬鹿野郎。君の念願などにかまっておれるか。こちらの念願は、どうしてくれるのだ。それには一言も触れようとはしないではないか」

つきましては、貴局の週間報告をいただきたく、代理業者にとって必要と思われる事項は、細大漏らさずお知らせください。

「図々しいにもほどがある。勝手な熱を吹いたあげく、高飛車に報告をしろとは何事だ」

貴局の最近の状況につき、至急ご返事願えれば、互いに好都合と存じます。　敬　具

［馬鹿！　こんなお粗末なコピーの手紙をよこして、至急返事をくれとはあきれたものだ。たぶん、こいつを秋の木の葉のように全国へばらまいているんだろう。〝至急〟とは何だ！　こちらも、君と同様、忙しい。ところで、君はいったい何の権利があって、偉そうに命令をするのだ。〝互いに好都合〟——手紙の最後になって、やっとこちらの立場に気がつきはじめたようだが、こちらにどう好都合なのか、これでは、やはりわからない］

追　伸　ブランクヴィル・ジャーナル紙の写しを一部同封いたします。貴局の放送にご利用願えれば幸甚に存じます。

［追伸で、やっと〝互いに好都合〟だという意味がわかった。なぜ、はじめにそれを書かないのだ。もっとも、はじめに書いたとしても、たいした変わりはなかろう。だいたい、こういう馬鹿げた手紙を平気でよこすような広告業者は、頭がどうかしているのだ。君に必要なのは、こちらの状況報告ではなくて、馬鹿につける薬だ］

広告業を本職とし、人に物を買う気を起こさせる専門家であるはずの人間でさえも、こんな手紙を書くのだから、他の職業の人々の書く手紙は、推して知るべしである。

ここにもう一通の手紙がある。運送会社の輸送係長から、私の講習会の受講者エドワード・ヴァーミラン氏に宛てたものだ。

拝　啓　当方の現状について申し上げますと、取り扱い貨物の大部分が、夕方近く一時に殺到しますため、とかく発送業務に支障を来しがちでございます。結果は、当方人員の時間外労働、積み込みおよび輸送の遅延となります。去る十一月十日貴社から五百十個に及ぶ大量の貨物が届きましたが、その時はすでに午後四時二十分でございました。

当方といたしましては、このような事態によって生じる不都合を避けるため、あえて貴社のご協力をお願いする次第でございます。前記のごとき大量の貨物は、到着時刻を早めていただくか、または午前中にその一部が届くようご尽力ください。

右のごとくご配慮いただければ、貴社のトラックの待ち時間も短縮され、貨物も即日発送されることとなります。

敬　具

この手紙に対するヴァーミラン氏の感想は次のとおりである——

この手紙は、その意図とは逆の効果を生じる。冒頭から自分の都合を書いているが、だいたい、こちらはそんなことには興味がない。次に協力を求めているが、それから生じるこちらの不便はまるで無視している。ようやく最後の段落で、協力すればこちらにとってもこれこれの利益があるという。肝心のことが後まわしになっているので、協力どころか敵愾心《てきがいしん》を起こさせる。

一つこの手紙を書き直してみよう。自分の都合ばかりに気をとられず、自動車王フォードの言うように、「他人の立場を理解し、自分の立場と同時に、他人の立場からも物事を見よう」ではないか。

次のようにすれば、最善ではないまでも、前のよりはましだろう――

拝　啓　弊社は、十四年来貴社のご愛顧を賜わり、深く感謝いたしますとともに、いっそう迅速かつ能率的なサービスをもってご愛顧に報いたいと心がけております。しかしながら、残念ながら、去る十一月十日のごとく、午後遅く一度に大量の貨物をお届けいただきますと、ご期待に添いかねる場合がございます。と申しますのは、他の荷主からも、午後遅くには、荷物が届きます。当然、混乱が生じ、貴社のトラックにもお待ち願わねばならず、時には積み出しの遅れる場合があります。

これではまことに遺憾に堪えません。このような事態を避けるには、お差し支えなき限り、午前中に貨物をお届けくださることも一法かと考えます。そうすれば貴社のトラックにお待ちいただく必要もなく、貨物は即時積み出しが可能になり、また、当社の従業員も定時に家庭に帰り、貴社製の美味なマカロニの夕食に舌鼓を打つこととなりましょう。

申し上げるまでもなく、貴社の貨物ならば、たとえいつ到着いたしましても、できる限り迅速に処理いたすよう、全力を尽くしますゆえ、その点、なにとぞご安心ください。

ご多忙と存じますので、ご返事のご配慮無用に願います。

敬　具

バーバラ・アンダーソン夫人は、ニューヨークのある銀行に勤めていたが、息子の健康のためにアリゾナ州のフェニックスへ移りたいと考え、次のような手紙をフェニックスにある十二の銀行宛てに送った。

拝啓　銀行員としての私の十年の経験は、目覚ましい発展を続けておられる貴行のご関心を誘うものと信じ、この手紙を差し上げる次第でございます。

私は現在、ニューヨークのバンカーズ・トラスト・カンパニーの支店長を務めております。今日まで、当社における銀行業務につき各種分野の経験を積み、預金、信用貸付、ローン、経営管理など、あらゆる面に通暁するに至りました。

五月にはフェニックスに引っ越す予定でございますが、その節には、ぜひとも貴行のご発展に微力を尽くしたい所存でございます。つきましては、四月三日からの週に御地を訪ねることにいたしておりますので、貴行の目的に照らして、いかなる寄与をなし得るか、直接お話しできる機会をいただければまことに幸いに存じます。

敬　具

このアンダーソン夫人の手紙に対する反応は?——十二の銀行のうち十一行が面接を求め、彼女はその中から一行を選んだのである。そうなった理由——それは、彼女が自分の希望を述べたのではなく、自分が相手の銀行でどんな役に立つか、つまり、焦点を自分ではなく相手側に合わせたからである。

今日もまた数千のセールスマンが、十分な収入も得られず、失望し疲れ果てて街を歩いている。なぜだろう——彼らは常に自分の欲するものしか考えないからだ。我々は、別に何も買いたいとは思っていない。それが彼らにはわかっていないのだ。我々は、ほしいものがあれば、自分で出かけていって買う。我々は、自分の問題を解決することには、いつでも関心を持っている。だから、その問題を解決するのに、セールスマンの売ろうとしているものが役立つことが証明されさえすれば、こちらから進んで買う。売りつける必要はないのである。客というものは自分で買いたいのであって、売りつけられるのは嫌なのだ。

それにもかかわらず、セールスマンの大多数は、客の立場で考えて売ろうとしない。良い例がある。私はニューヨーク郊外のフォレスト・ヒルズに住んでいるのだが、ある日、駅へ急ぐ途中、ロング・アイランドで多年不動産仲介業をやっている男に出会った。その男はフォレスト・ヒルズのことをよく知っていたので、私の住んでいる家は建築材料に何を使ってあるのか、尋ねてみた。彼は知らないと答え、庭園協会に電話で問い合わせてみろという。それくらいのことなら、とっくに承知している。ところが、その翌日、彼から一通の手紙が届いた。昨日尋ねたことがわかったのだろうか——電話をかければ一分とかからない問題だ。手紙を開いてみると、そうでない。昨日と同じく、電話で聞いてみろと繰り返し、そのあとで、保険に加入してくれと頼んでいる。

この男は、私の助けになるようなことには興味がない。彼自身の助けになることにのみ興味を持っているのだ。

本書から〝常に相手の立場に身を置き、相手の立場から物事を考える〟という、たった一つのことを学びとっていただければ、成功への第一歩が、すでに踏み出されたことになる。

他人の立場に身を置き、その心の中に欲求を起こさせるということは、相手をうまく操ってこちらの利益にはなるが先方には損になることをやらせることでは決してない。双方が利益を得なければ嘘である。先のヴァーミラン氏宛ての手紙にしても、手紙を書く側と受け取る側の双方が、その手紙の提案を実行することで利益を受ける。またアンダーソン夫人の場合も、銀行は有能な行員を獲得できたし、夫人は希望どおりの職を得ることができたわけだ。

実例をもう一つ挙げよう。シェル石油のセールスマン、ロードアイランドのマイク・ホイッデンが紹介してくれた話である。彼は、自分の担当地域で第一位の実績を上げる目標を立てていた。ところが、あるガソリンスタンドの営業成績が上がらず、そのために彼のセールスも伸び悩んでいた。そのスタンドは年をとった男が経営しているが、やる気がまるでない。ろくに掃除もせず、ガソリンの売れ行きは落ちる一方だった。

マイクが口を酸っぱくしてもっときれいにするようにすすめてもまったく取りあわない。思いあまったマイクは、この経営者を連れ出して一緒に新しいシェルのスタンドを見学に出かけた。新しいスタンドを見た経営者はたいそう感心した様子だったが、マイクがしばらくたって訪ねてみると、スタンドは見違えるほどきれいになっていて、売り上げも大きく伸びていた。おかげで、マイクは担当地域で実績第一位になることができた。あれほど説教をしたり議論した効果は皆無だったのに、最新式のスタンドを見学させただけで、強い欲求を起こさせ、その結果、両者ともに利益を得ることができたのである。

大学で難しいラテン語や微積分をやった人たちでも、自分自身の心の働きについては、まるで知らないことが多い。

以前に私は、空調機の大手メーカー、キャリア社へ〝話術〟の講義に行ったことがある。受講者は大学卒の新入社員ばかりであった。受講者の一人が、仲間を勧誘してバスケットボールをやらせようとしていた。彼は、皆に向かって、こう言った――

「バスケットボールをやってもらいたいんだ。僕はバスケットボールが好きで、何回か体育館へ出かけていってみたが、いつも人数が足りなくてゲームがやれないんだ。この前など、二、三人しかいなくて、ボールの投げ合いをやってるうちに、ボールを当てられて、ひどい目にあった。明日の晩は、諸君、ぜひ来てくれたまえ。僕は、バスケットボールがやりたくて仕方がないんだ」

彼は、相手がやりたくなるようなことは、何も言わなかったわけだ。誰も行かないような体育館には、誰だって行きたくないに決まっている。彼がいくらやりたくても、そんなことは、こちらの知ったことではない。それにわざわざ出かけていって、ボールを当てられてひどい目にあうのは、まっぴらだ。

もっと他に言いようもあったはずだ。バスケットボールをやればどういう利益があるか、それをなぜ言わなかったのだろう。元気が出るとか、食欲が旺盛になるとか、頭がすっきりするとか、とても面白いとか、利益はいくらでもあるはずだ。

ここでオーヴァストリート教授の言葉を、繰り返しておく必要がある。

「まず、相手の心の中に強い欲求を起こさせること。これをやれる人は、万人の支持を得ることに成功し、やれない人は、一人の支持者を得ることにも失敗する」

私の講習会に参加したある聴講者の話だが、彼は、いつも自分の幼い息子のことを心配していた。その子がひどい偏食で、とても痩せていたのである。世間の親の例に漏れず、彼は妻と一緒になって小言ばかり言っていた。

「お母さんは、坊やにこれを食べてもらいたいんだよ」

「お父さんはね、坊やが体の立派な人間になってもらいたいんだよ」

こう言われて、この子が両親の願いを聞き入れたとすれば、それこそ不思議だ。

三十歳の父親の考え方を三歳の子供に飲み込ませようとするのは無理だというくらいのことは、誰だって知っている。にもかかわらず、この父親は、その無理を通そうとしているのだ。馬鹿な話だが、その馬鹿さ加減に、彼もやっと気がついて、こう考えてみた——

「いったいあの子は、何を一番望んでいるだろうか。どうすれば、あの子の望みと私の望みを一致させることができるだろうか」

考えればわけのないことだった。子供は三輪車を持っており、それに乗って家の前の道路で遊ぶのが大好きだった。ところが、二、三軒隣に手に負えないガキ大将が一人いて、そいつが、三輪車を取り上げ、我が物顔に乗りまわすのである。

取り上げられると、子供は、わっと泣き出して母親のところへ帰ってくる。母親は、早速飛び出して、三輪車を取り戻してやる。こういうことが、ほとんど毎日のように繰り返されていた。

この子は、何を一番望んでいるだろうか？　シャーロック・ホームズをわずらわすまでもなく、考えてみればすぐわかる。彼の自尊心、怒り——こういった内心の強烈な感情が彼を動かして、そのガキ大将を、いつかはこっぴどくやっつけてやろうと決心させていたのである。

「お母さんの言うものを何でも食べさえすれば、今に、坊やはあの子よりも強くなるよ」

父親のこの言葉で、偏食の問題は、たちまち消えてしまった。

子供は、そのガキ大将をやっつけたいばかりに、何でも食べるようになったのである。

偏食の問題が片づくと、父親は次の問題と取り組んだ。この子には、困ったことに、寝小便をする癖があった。

この子は、いつも祖母と一緒に寝ていたが、朝になると祖母が「ジョニー、またやったね」と叱っている。子供は、それを頑強に否定して、漏らしたのは、おばあさんだと言う。

そのたびごとに、おどしたり、すかしたり、母親の希望を言って聞かせたりするが、全然効き目がない。そこで、両親は、寝小便をしなくなりたいと子供に思わせる方法を考えてみた。

子供は、何を望んでいるか？　第一に、祖母の着ているようなゆったりした寝間着ではなく、父のように、パジャマを着たがっている。祖母は孫の粗相に、すっかり辟易していたので、それが治るなら、パジャマを買ってやってもいいと申し出た。次に彼のほしがっているものは、自分専用のベッドであった。これには、祖母も異議はない。

そこで、母親は、ジョニーを連れて、ある百貨店へ行った。

「この人が、何か買い物をしたいんですって」

女店員に目くばせしながら母親がそう言うと、女店員も心得て、丁重に挨拶した。

「いらっしゃいませ。どんなものがご入用でしょうか、坊っちゃま」

女店員の応対に自尊心をかき立てられたジョニーは、すっかり得意になって答えた。

「僕の使うベッドがほしいんだよ」

母に目くばせされた女店員のすすめに従って、結局彼は母が買わせたいと思ったベッドを買った。

ベッドが家に届いた日の夕方、父が帰宅すると、ジョニーは勢いよく玄関へ飛んで出た。

「お父さん、早く二階に上がって、僕が自分で買ったベッドを見てちょうだい！」

父はそのベッドを眺めながら、惜しみなくほめ言葉を浴びせてやった。

「このベッドは、濡らさないだろうね」

父がそう言うと、ジョニーは、決して濡らさないと約束し、事実、それ以後彼の寝小便は止まってしまった。自尊心が約束を守らせたのだ。自分のベッドであり、しかも、彼が自分一人で見立てて買ったベッドだ。大人と同じように、パジャマも着る。大人と同じようにふるまいたいのだ。そして、そのとおりにふるまったのである。

ダッチマンという電話技師で、同じく私の講習会に参加した父親だが、彼もまた三つになる娘が朝食を食べないので弱っていた。おどしても、すかしても、まったく効き目がない。そこで、いったいどうすれば娘が朝ごはんを食べたくなるか考えた。

この子は、母親の真似をするのが好きだった。母親の真似をすると、大人になったような気がするのである。そこで、ある朝、この子に朝ごはんの支度をさせてみた。彼女が料理の真似をしている最中に、適当な頃を見はからって、父親が台所をのぞき込むと、彼女はうれしそうに叫んだ。

「パパ、見てちょうだい。私、今朝ごはんをつくってるの!」

その朝、彼女は二皿もオートミールを平らげてしまった。朝食というものに興味を持ったからである。彼女の自尊心が満たされたのだ。朝食をつくることによって、自己主張の方法を発見したのである。

「自己主張は人間の重要な欲求の一つである」

これは、ウィリアム・ウインターの言葉であるが、我々は、この心理を、仕事に応用することができるはずだ。

何か素晴らしいアイディアが浮かんだ場合、そのアイディアを相手に思いつかせるようにしむけ、それを自由に料理させてみてはどうか。相手はそれを自分のものと思い込み、二皿分も平らげるだろう。

「まず、相手の心の中に強い欲求を起こさせること。これをやれる人は、万人の支持を得ることに成功し、やれない人は、一人の支持者を得ることにも失敗する」

人を動かす原則 強い欲求を起こさせる。

11 誠実な関心を寄せる

友を得る法を学ぶには、わざわざ本書を読むまでもなく、世の中で一番優れたその道の達人のやり方を学べばいいわけだ。その達人とは——我々は毎日路傍でその達人に出会っている。こちらが近づくと尾を振りはじめる。立ち止まって、なでてやると、夢中になって好意を示す。何か魂胆があって、このような愛情の表現をしているのではない。家や土地を売りつけようとか、結婚してもらおうとかいう下心はさらにない。

何の働きもせずに生きていける動物は、犬だけだ。鶏は卵を産み、牛は乳を出し、カナリヤは歌を歌わねばならないが、犬はただ愛情を人に捧げるだけで生きていける。

私が五歳の時、父が黄色の子犬を五十セントで買ってきた。その子犬の存在は当時の私にとって、何物にも代えがたい喜びであり、光明であった。毎日午後の四時半頃になると、子犬は、決まって前庭に座り込み、美しい目でじっと家のほうを見つめている。私の声が聞こえるか、あるいは、食器をぶら提げている私の姿を植込みの間に見つけるかしようものなら、まるで鉄砲玉のように息せき切って駆けつけ、ほえたり、跳ねまわったりする。

それから五年間、子犬のティピーは、私の無二の親友だった。だが、ある夜、三メートルと離れない目の前で、ティピーは死んだ。雷に打たれたのである。ティピーの死は、終生忘れがたい悲しみを私の子供心に残した。

ティピーは心理学の本を読んだことがなく、また、その必要もなかった。相手の関心を引こうとするよりも、相手に純粋な関心を寄せるほうが、はるかに多くの知己が得られるということを、ティピーは不思議な本能から知っていたのである。繰り返して言うが、友を得るには、相手の関心を引こうとするよりも、相手に純粋な関心を寄せることだ。

ところが、世の中には、他人の関心を引くために、見当違いな努力を続け、その誤りに気づかない人がたくさんいる。

これでは、いくら努力しても、もちろん無駄だ。人間は、他人のことには関心を持たない。ひたすら自分のことに関心を持っているのだ——朝も、昼も、晩も。

ニューヨークの電話会社で、どんな言葉が一番よく使われているか、通話の詳細な研究をしたことがある。案の定、一番多く使われるのは、〝私〟という言葉であった。五百の通話に三千九百九十回使われたのである。

大勢と一緒に自分が写っている写真を見る時、我々は、まず最初に誰の顔を探すか？

自分が他人に関心を持たれていると思っている人は、次の問いに答えていただきたい——

「もし、あなたが、今夜死んだとして、何人の人が葬式に参加してくれるか?」

また、次の問いにも答えていただきたい――

「まずあなたが相手に関心を持たないとすれば、どうして、相手があなたに関心を持つ道理があろうか?」

単に人を感服させてその関心を呼ぼうとするだけでは、決して真の友を多くつくることはできない。真の友は、そういうやり方ではつくれないのである。

ナポレオンが、それをやった。彼の妻ジョセフィーヌと別れる時、彼はこう言った――

「ジョセフィーヌよ、わしは、世界一の幸運児だ。しかし、わしが本当に信頼できるのは、そなた一人だ」

そのジョセフィーヌすら、彼にとって、信頼できる人間であったかどうかははなはだ疑問だと歴史家は言う。

ウィーンの有名な心理学者アルフレッド・アドラーは、その著書でこう言っている――

「他人のことに関心を持たない人は、苦難の人生を歩まねばならず、他人に対しても大きな迷惑をかける。人間のあらゆる失敗はそういう人たちの間から生まれる」

心理学の書はたくさんあるが、どれを読んでもこれほど私たちにとって意味深い言葉には、めったに出くわさないだろう。このアドラーの言葉は、何度も繰り返して味わう値打ちがある。

私は、ニューヨーク大学で短編小説の書き方の講義を受けたことがあるが、その時の講師は一流雑誌の編集長だった。彼は、毎日机の上に積み上げられるたくさんの原稿のうちから、どれを取って読んでも、二、三節目を通せば、その作者が人間を好いているかどうかすぐにわかるという。

「作者が人間を好きでないなら、世間の人もまたその人の作品を好まない」

これが、彼の言葉である。

この編集長は、小説の書き方の講義の最中に、二度も講義を中断して、こう言っていた

――

「説教じみて恐れ入るが、私は、牧師と同じことを言いたい。もし諸君が小説家として成功したいならば、他人に関心を持つ必要があることを心にとめておいてもらいたい」

小説を書くのにそれが必要なら、面と向かって人を扱う場合には、三倍も必要だと考えて間違いない。

ハワード・サーストンといえば、有名な奇術師だが、彼がブロードウェイにやってきたある夜、楽屋を訪ねたことがある。彼こそまさに奇術師の王者、四十年間世界の各地を巡業し、観客に幻覚を起こさせ、不思議がらせ、息をのませた奇術界の長老である。六千万人以上の客が、彼のために入場料を払い、彼は二百万ドルに及ぶ収入を得た。

私は、サーストン氏に、成功の秘訣を尋ねてみた。学校教育が彼の成功に何の関係もないことは明らかだ。少年の頃、家を飛び出し、浮浪者になって、貨車にただ乗りをしたり、

干し草の中で寝たり、他人の家の前に立って食べ物を請うたりしていたのである。字の読み方は、鉄道沿線の広告を貨車の中から見て覚えた。

彼は、奇術について特に優れた知識を持っていたのかというと、そうではない。奇術に関する書物は山ほど出版されており、彼と同じ程度に奇術について知っている者は大勢いるという。ところが、彼は、他の人に真似のできないものを二つ持っている。第一は、観客を引きつける人柄である。彼は、芸人としての第一人者で、人情の機微を心得ている。さらに、身ぶり、話し方、顔の表情など、微細な点に至るまで、前もって十分な稽古を積み、タイミングに一秒の狂いもない。次に、サーストンは、人間に対して純粋な関心を持っている。彼の話によると、たいていの奇術師は、観客を前にすると、腹のうちでこう考えるのだそうである――

「ほほう、だいぶ間の抜けたのが揃っているな。こんな連中をたぶらかすのは朝めし前だ」

ところが、サーストンは、まったく違う。舞台に立つ時は、彼はいつもこう考えるという――

「私の舞台を見にきてくださるお客さまがいるのはありがたいことだ。おかげで、私は日々を安らかに暮らせる。私の最高の演技をごらんに入れよう」

サーストンは、舞台に立つ時、必ず心の中で「私は、お客さまを愛している」と何度も繰り返し唱えるという。読者は、この話を、馬鹿馬鹿しいと思おうが、滑稽と思おうが、ご自由である。私は、ただ、世界一の奇術師が用いている秘法を、ありのままに公開したにすぎない。

ペンシルバニア州ノース・ウォーレンのジョージ・ダイクは、新しいハイウェイができるので、三十年間経営していたガソリンスタンドが立ち退きになり、それを機に引退した。ところが、毎日ぶらぶらしているのが退屈で、古いバイオリンを取り出してひまつぶしに鳴らしはじめた。そのうちに、近隣の土地をまわって、演奏を聴いたり、バイオリンの名手たちとつきあったりしはじめた。ジョージは、その名手たちの経歴や好みに誠実な関心を示していろいろと尋ねた。その結果、同好の友人が大勢でき、コンクールにも出場した。やがて東部では〝キンズア郡のバイオリン弾き、ジョージじいさん〟と呼ばれ、カントリー・ミュージックの有名人になった。現在七十二歳の彼は、余生の一刻一刻を十二分に楽しんでいる。ジョージは、他人に絶えず深い関心を寄せることによって、普通だったら「我が人生は終わった」とあきらめる時期に、まったく新しい人生を花開かせたのである。

セオドア・ルーズヴェルトの絶大な人気の秘密も、やはり、他人に寄せる彼の深い関心にあった。彼に仕えた黒人の使用人ジェイムズ・エイモスが『使用人の目から見たセオドア・ルーズヴェルト』という本を書いている。その本に、次のような一節がある。

ある日のこと、私の妻が大統領にウズラはどんな鳥かと尋ねた。妻はウズラを見たことがなかったのである。大統領は、ウズラとはこういう鳥だと、嚙んで含めるように教えてくれた。それからしばらくすると、私たちの家に電話がかかってきた（エイモス夫婦は、オイスター・ベイにあるルーズヴェルト邸内の小さな家に住んでいた）。妻が電話に出ると、相手方は大統領ご自身だった。今ちょうどそちらの窓の外にウズラが一羽きているから、窓からのぞけば見えるだろう、とわざわざ電話で知らせてくれたのだ。この小さな出来事が、大統領の人柄をよく示している。大統領が私たちの小屋のそばを通る時は、私たちの姿が見えても見えなくても、必ず「やあ、アニー！　やあ、ジェイムズ」と、親しみのこもった言葉を投げていかれた。

雇い人たちは、こういう主人なら好きにならざるをえないだろう。雇い人でなくても、誰でも好きになるはずだ。

ある日、タフト大統領夫妻の不在中にホワイト・ハウスを訪ねたルーズヴェルトは、自分の在任中から務めている使用人たちの名を残らず覚えていて、台所のお手伝いにまで親しげにその名を呼んで挨拶をした。これは、彼が目下の者に対して心からの好意を抱いていた証拠になるだろう。

調理室でお手伝いのアリスに会った時、ルーズヴェルトは、彼女に尋ねた。

「相変わらず、トウモロコシのパンを焼いているかね？」

「はい、でも、私たち使用人が食べるのに時々焼いているだけです。二階の人たちは、誰も召し上がりません」

アリスがそう答えると、ルーズヴェルトは、大きな声で言った。

「物の味がわからんのだね。大統領に会ったらそう言っておこう」

アリスが皿にのせて出したトウモロコシのパンを一切れつまむと、それを頬ばりながら事務室へ向かった。途中、庭師や下働きの人たちを見ると、以前と少しも変わらない親しみを込めて、一人一人の名を呼んで話しかけた。彼らは、いまだにその時のことを語り草にしている。ことにアイク・フーヴァーという男は、うれし涙を浮かべてこう言った――「この二年間こんなにうれしい日はなかった。このうれしさは、とても金には代えられないと、皆で話し合っています」

これと同じように、あまり重要でない人物に関心を示したおかげで、大切な客を失わずに済んだセールスマンの話を紹介しよう。ニュージャージー州チャタムのエドワード・サイクスの話である。

「かなり昔だが、私はジョンソン&ジョンソン社のセールスマンで、マサチューセッツ州を担当していた。ヒンガムという町のドラッグストアと取引があって、この店へ行くたびに、喫茶カウンターの店員たちに声をかけ、しばらく世間話をしたあとで店主と商談をしていた。ある日、店主が『あんたの会社は、ちっぽけなドラッグストアなんかは問題にしてないようだ。大きな食料品店やディスカウントストア相手の商売にばかり力を入れているらしい。そんな会社の品物はお断りだ。帰ってくれ』と言う。とりつく島もなく、すごすごと引き揚げ、数時間その町をまわっていたが、やがて気を取り直し、もう一度店主に我が社の真意を聞いてもらおうと決心した。

再び店に入ると、いつものように店員たちに声をかけ、店主のところへ行った。意外にも店主は笑顔で私を迎え、いつもの倍の注文をくれた。『先ほどうかがってから、まだいくらもたってないのに、いったいどうしたんですか』と尋ねると、店主は若い店員を指さして、『あの男の話で気が変わったのさ。セールスマンは何人もくるが、店員たちに挨拶をしてくれるのはあんただけで、あんたの他に、この店の注文をとる資格のあるセールスマンはいないと言うんだよ』。こうして店主は、それからも引き続き注文をくれるようになった。それ以来、私は他人のことに深い関心を持つことこそセールスマン――いや、セールスマンに限らず、誰でも――が持つべき大切な心がけだと信じて疑わない」

私の経験によると、こちらが心からの関心を示せば、どんなに忙しい人でも、注意を払ってくれるし、時間も割いてくれ、また協力もしてくれるものだ。例を挙げてみよう。

私はブルックリン芸術科学学院で小説作法の講義を計画したことがある。私たちは、有名な作家、キャサリン・ノリス、ファニー・ハースト、アイダ・ターベル、アルバート・ターヒューン、ルーパート・ヒューズなどの話を聞きたいと思った。そこで、私たちは、彼らの作品の愛読者で、彼らの話を聞いて成功の秘訣を知りたいのだという意味の手紙を、作家たち宛てに出した。それぞれの手紙には約百五十名の受講者が署名した。作家たちが多忙で講演の準備をするひまがないだろうと思い、手紙には、あらかじめこちらの質問を表にして同封しておいた。このやり方が先方の気に入ったらしい。作家たちは、我々のために、はるばるブルックリンまできてくれたのである。

同じようにして、私は、セオドア・ルーズヴェルト内閣の財務長官レズリー・ショーや、タフト内閣の法務長官ジョージ・ウィカシャム、フランクリン・ルーズヴェルトなど多数の有名人に働きかけて、話し方講座の受講者のために講演をしてもらった。

人間は誰でも皆、自分をほめてくれる者を好くものだ。たとえばドイツ皇帝の場合だが、第一次世界大戦に敗れた時、おそらく彼は世界中で一番嫌われていただろう。命が危なくなってオランダへ亡命する頃には、自国民でさえも、彼の敵にまわった。何百万という人間が彼を憎み、八つ裂きにし、火あぶりにしてもなお飽き足りないと思っていた。この憤激の嵐の最中に、一人の少年が、真情と賛美にあふれた手紙を皇帝のもとによこした。

「誰がどう思おうとも、僕は、陛下をいつまでも僕の皇帝として敬愛します」

これを読んで、皇帝は深く心を動かされ、ぜひ一度会いたいと返事を書いた。少年は、母親に連れられてやってきた。そして、皇帝は、その母親と結婚した。この少年は、本書を読む必要がない。生まれながらにして〝人を動かす法〟を心得ていたのである。

友をつくりたいなら、まず人のために尽くすことだ。——人のために自分の時間と労力を捧げ、思慮のある没我的な努力を行なうことだ。ウインザー公が皇太子の頃、南米旅行の計画を立てた。外国へ行けばその国の言葉で話したいと考え、公は、出発前何カ月間もスペイン語を勉強した。南米では、公の人気は大変なものであった。

長年、私は、友達からその誕生日を聞き出すように心がけてきている。もともと私は占星術などまるで信じない男だが、人間の生年月日と性格、気質には何らかの関係があると思うかどうか、相手にまず聞いてみることにしている。そして、次に相手の生年月日を尋ねる。仮に十一月二十四日だと相手が答えたとすると、私は心の中で十一月二十四日、十一月二十四日と何度も繰り返し、隙を見て相手の名と誕生日をメモに書きつけ、家に帰ってから、それを誕生日帳に記入する。毎年正月には、新しい卓上カレンダーにこれらの誕生日を書き込んでおく。こうしておけば、忘れる心配がない。それぞれの誕生日には、私からの祝電や祝いの手紙が先方に届いている。これはまことに効果的で、その人の誕生日を覚えていたのは世界中で私一人だったというような場合もよくある。

友をつくりたいと思えば、他人を熱意のある態度で迎えることだ。電話がかかってきた場合にも、同じ心がけが必要で、電話をもらったのが大変うれしいという気持ちを十分に込めて「もしもし」と答えるのである。

深い関心を示すことによって、個人的に友をつくることができるだけでなく、相手が我々の勤める会社の顧客であれば、会社への忠誠心とも言うべき気持ちを育てることすらできる。ニューヨークの北米ナショナル銀行のパンフレットに、マデリン・ローズデールという女性の預金者から寄せられた手紙が掲載されている。

「行員の皆さまへ感謝を込めて一筆差し上げます。皆さまとても丁寧で礼儀正しく、ご親切で、長い間、順番を待ったあとなど、愛想のよい応対を受けると、たちまち気持ちがなごんでしまいます。去年、母が五カ月入院していましたが、その間、出納係のメアリー・ペトゥルセロさんの窓口へ行くと、必ず母のことを心配して、病状を尋ねてくださいました」

ローズデール夫人が他の銀行に預金する恐れは、まずないだろう。

次に、ニューヨークのある大銀行に勤めているチャールズ・ウォルターズの例を紹介しよう。彼はある会社に関する信用調査を命じられた。ウォルターズはその会社の情報に通じている人物を一人だけ知っていた。ウォルターズがその人物を訪ねて社長室に通された時、若い女秘書が部屋をのぞいて、社長に言葉をかけた。

「あいにく、今日は差し上げる切手がございません」

「十二歳になる息子が切手を収集していますので……」

社長はウォルターズにそう説明した。社長は言を左右にしていっこうに要領を得ない。この話題には触れたくないらしく、彼から情報を引き出すことはまず不可能と思われた。会見は短時間に終わり、何も得るところはなかった。

「正直なところ、私もあの時はどうしていいかわからなかった」

ウォルターズは当時のことを述懐して、そう言った。

「そのうち、私は、ふとあの女秘書が社長に言ったことを思い出した。郵便切手、十二歳の息子……同時に、私の銀行の外国課のことが頭に浮かんだ。外国課では、世界各国からくる手紙の切手を集めているのだ。

翌日の午後、私は、その社長を訪ねて、彼の息子のために切手を持ってきたと告げた。

もちろん、大変な歓迎を受けた。彼が議員に立候補中だったとしても、あれほど愛想よく迎えてはくれなかったろう。相好をくずした社長は、大事そうに切手を手に取り、『これは、きっとジョージの気に入る』とか『これはどうだ！　たいした値打ち物だ』とか口走って、夢中になっていた。

社長と私は、それから三十分ほど、切手の話をしたり、彼の息子の写真を眺めたりしていたが、やがて社長は、私が何も言い出さないうちに、私の知りたがっていた情報を話しはじめた。一時間以上にわたって、知っている限りのことを教えてくれ、さらに部下を呼んで尋ねたり、電話で知人に問い合わせたりしてくれた。私は、十二分に目的を達したわけだ。いわゆる〝特ダネ〟を手に入れたのである」

もう一つ例を挙げよう。

フィラデルフィアに住むC・M・ナフルという男が、ある大きなチェーン・ストアへ数年来石炭を売り込もうとして一生懸命だった。そのチェーン・ストアでは燃料を市外の業者から買い入れ、そのトラックがいつもナフルの店の前をこれ見よがしに通っていた。ある晩、ナフルは、私の講習会に出席して、チェーン・ストアに対する日頃の憤懣をぶちまけ、チェーン・ストアは市民の敵だとののしった。

それでいて、彼は売り込みをあきらめていたわけではなかった。

私は、何か別な策を考えてみてはどうかと彼に提案した。その話を簡単に説明すると、こうだ。すなわち、講習会の討論の議題として、〝チェーン・ストアの普及は国家にとって果たして有害か〟という問題を、我々は取り上げたのである。

ナフルは、私のすすめで、否定の立場をとった。つまり、チェーン・ストアを弁護することを引き受けたのである。彼は、日頃目の敵にしていたチェーン・ストアの重役のところへ、早速出かけていった。

「今日は、石炭を売り込みにきたのではありません。別なお願いがあってきました」

彼はそう前置きをして、討論会のことを説明した。

「実は、チェーン・ストアのことについて、いろいろと教わりたいのですが、あなたより他に適当な人はいないと思いましたので、お願いにあがったわけです。討論会にはぜひとも勝ちたいと思っています。ご援助をお願いします」

以下、ナフル自身の言葉を借りて述べよう。

私は、この重役に、正味一分間だけ時間を割いてもらう約束だった。面会はその条件で許されたのである。重役は私に椅子をすすめて話をはじめ、一時間と四十七分、話し続けた。彼は、チェーン・ストアに関する書物を書いたことのあるもう一人の重役まで呼んでくれた。また、全米チェーン・ストア協会に照会して、この問題に関する討論記録の写しも手に入れてくれた。彼は、チェーン・ストアが人類に対して真の奉仕をしていると信じ切っており、自分の仕事に大きな誇りを感じているのだ。話しているうちに、彼の目は輝きを帯びてきた。正直言って、私は、今まで夢想さえもしなかった事柄に対して目が開けてきた。彼は、私の考えを一変させたのである。

用件が済んで帰ろうとすると、彼は私の肩に手をかけ、ドアのところまで送り出しながら、討論会で勝つように祈っていると言い、さらに、その結果をぜひ報告しにきてくれと言った。

「春になったら、またいらしてください——石炭を注文したいと思いますから」

これが、別れ際に彼が口にした言葉だった。

私は、奇跡を目の当たりにしたような気がした。私が何も言わないのに、彼のほうから進んで石炭を買おうと言うのだ。私の店の石炭に関心を持たせようとする方法では十年かかってもやれないことを、彼の関心のある問題にこちらが誠実な関心を寄せることによって、わずか二時間でやってのけることができたのである。

ナフルは、別に新しい真理を発見したわけではない。紀元前一〇〇年に、ローマの詩人パブリアス・シラスがすでに次のごとく説いている——

「我々は、自分に関心を寄せてくれる人々に関心を寄せる」

他人に示す関心は、人間関係の他の原則と同様に、必ず心底からのものでなければならない。関心を示す人の利益になるだけでなく、関心を示された相手にも利益を生まねばならない。一方通行ではなく、双方の利益にならなくてはいけない。

ニューヨーク州のマーティン・ギンスバーグは、入院していた時、一人の看護師から特別な心遣いを受け、それが、どんなに自分のその後の人生に深い影響を及ぼしたか、次のように報告している。

「感謝祭の日のことだった。私は十歳で、市立病院の社会保険病棟に入院しており、その翌日整形外科手術を受けることになっていた。そのあと何カ月もの病床生活、肉体的苦痛などに対する覚悟もできていた。父はすでに亡くなり、母と二人っきり、小さなアパートで生活保護を受けて暮らしていたが、手術の前日というのに、母は忙しくて病院に来ることもできなかった。

時間がたつにつれて、さびしさ、絶望、そして手術への恐怖で気が滅入ってきた。母は一人で私のことを心配しているに違いない。話し相手もなく、一緒に食事をする人もいない。感謝祭だというのに、ごちそうをつくるお金もない。

そう思うと涙がとめどもなく湧いてきて、私は枕の下に頭を突っ込み、毛布をかぶって声を立てずに泣いた。悲しさはますます募り、体中に苦痛が走った。

すすり泣きの声を聞きつけた若い見習い看護師が近づいて毛布を持ち上げ、涙で汚れた顔をふいてくれた。そして、自分も感謝祭の日に家族から離れて働くのは、とてもさびしい。だから、今晩は一緒にお食事をしましょうと言って、二人分の夕食を盆にのせて私のベッドへ運んできた。七面鳥やマッシュポテトやクランベリー・ソース、それにデザートのアイスクリームまで、感謝祭のごちそうが揃っていた。彼女はしきりに話しかけて、手術への恐怖心を紛らそうとした。勤務時間は午後四時までだというのに、十一時頃私が寝入るまで、ゲームをしたり、お話を聞かせたりして、つきあってくれた。

十歳だったあの日から、何回も感謝祭がめぐってきた。そのたびにあの日のこと――絶望と恐怖と孤独感、そして、それを克服する力を与えてくれた見知らぬ女性の優しさ――を思い出す」

人に好かれたいのなら、本当の友情を育てたいなら、そして自分自身を益し同時に他人をも益したいのだったら、次の原則を心に刻みつけておくことだ。

人に好かれる原則

誠実な関心を寄せる。

12 心からほめる

ニューヨークの八番街にある郵便局で、私は書留郵便を出すために行列をつくって順番を待っていた。書留係の局員は、来る日も来る日も、郵便物の計量、切手と釣銭の受け渡し、受領証の発行など、決まりきった仕事に飽き飽きしている様子だった。そこで、私は考えた――

「一つ、この男が私に好意を持つようにやってみよう。そのためには、私のことではなく、彼のことで、何か優しいことを言わねばならない。彼について私が本当に感心できるものは、いったい、何だろう?」

これはなかなか難しい問題で、ことに相手が初対面の人では、なおさら容易でない。だが、この場合には、偶然それがうまく解決できた。実に見事なものを、見つけ出せたのである。

彼が私の封筒の重さをはかっている時、私は、心を込めて、こう言った——

「美しいですねえ、あなたの髪の毛——うらやましいです!」

驚きをまじえて私を見上げた彼の顔には、微笑みが輝いていた。

「いやあ、近頃はすっかり駄目になりました」

彼は謙遜してそう言った。

以前はどうだったか知らないが、とにかく見事だと、私は心から感心して言った。彼の喜びようは大変なものだった。さらに二言三言愉快に話し合ったが、最後に彼は「実は、いろんな人がそう言ってくれます」と本音を吐いた。

その日、彼はうきうきとした気持ちで、昼食に出かけたことだろう。家に帰って妻にも話しただろう。鏡に向かって「やっぱり、素晴らしい!」とひとりごとを言ったに違いない。

この話を、ある時私は公開の席上で持ち出した。すると、そのあとで、「それで、あなたは、彼から何を期待していたのですか」と質問した者がいる。

私が何かを期待していた!! 何たることを言うんだろう!!

他人を喜ばせたり、ほめたりしたからには、何か報酬をもらわねば気が済まぬというようなけちな考えを持った連中は、当然、失敗するだろう。

いや、実は、私もやはり報酬を望んでいたのだ。私の望んでいたのは、金では買えないものだ。そして、確かにそれを手に入れた。彼のために尽くしてやり、しかも彼には何の負担もかけなかったというすがすがしい気持ちが、それだ。こういう気持ちは、いつまでも楽しい思い出となって残るものなのである。

人間の行為に関して、重要な法則が一つある。この法則に従えば、たいていの紛争は避けられる。これを守りさえすれば、友は限りなく増え、常に幸福が味わえる。だが、この法則を破ったとなると、たちまち、果てしない紛争に巻き込まれる。この法則とは——

「常に相手に重要感を持たせること」

すでに述べたように、ジョン・デューイ教授は、重要な人物になりたいという願望は人間の最も根強い欲求だと言っている。また、ウィリアム・ジェイムズ教授は、人間性の根元をなすものは、他人に認められたいという願望だと断言している。この願望が人間と動物とを区別するものであることはすでに述べたとおりだが、人類の文明も、人間のこの願望によって進展してきたのである。

人間関係の法則について、哲学者は数千年にわたって思索を続けてきた。そして、その思索の中から、ただ一つの重要な教訓が生まれてきたのである。それは決して目新しい教訓ではない。人間の歴史と同じだけ古い。三千年前のペルシアで、ゾロアスターはこの教訓を拝火教徒に伝えた。二千四百年前の中国では、孔子がそれを説いた。道教の開祖、老子もそれを弟子たちに教えた。キリストより五百年早く、釈迦は聖なる川ガンジスのほとりで、これを説いた。それよりも千年前に、ヒンズー教の聖典に、これが説かれている。キリストは千九百年前にユダヤの岩山で、この教えを説いた。キリストはそれを次のような言葉で説いた（世の中で最も重要な法則と言えよう）――

「すべて人にせられんと思うことは人にもまたそのごとくせよ」

人間は、誰でも周囲の者に認めてもらいたいと願っている。自分の真価を認めてほしいのだ。小さいながらも、自分の世界では自分が重要な存在だと感じたいのだ。見えすいたお世辞は聞きたくないが、心からの賞賛には飢えているのだ。自分の周囲の者から、チャールズ・シュワッブの言うように〝心から認め、惜しみなくほめ〟られたいと、私たちは、皆そう思っているのだ。

だから、あの〝黄金律〟に従って、人にしてもらいたいことを、人にしてやろうではないか。

では、それを、どういう具合に、いつ、どこでやるか？――いつでも、どこでも、やってみることだ。

ウィスコンシン州オークレアのデイヴィッド・スミスが、あるチャリティー・コンサートの体験談を話してくれた。主催者の依頼で会場の喫茶コーナーを受け持ったのだった。

「その晩コンサート会場の公園に着くと、すでに老婦人が二人、喫茶コーナーに立っていた。どちらも大変ご機嫌斜めで、それぞれ自分がこのコーナーの主任だと思い込んでやってきた様子だった。

さて、どうしたものかと思い悩んでいると、実行委員がまわってきて、私に手提げ金庫を渡し、私の協力を感謝して、二人の老婦人がそれぞれローズとジェーンという名前で、私の助手を務めてくれることになっていると紹介したまま、そそくさと走り去った。

そのあとに、気まずい沈黙が残った。やがて私は、手提げ金庫が、ある種の権威の象徴だと気づき、これをまずローズに渡して、『お金勘定は苦手でして、あなたにお願いできれば助かります』と言った。次にジェーンには、サービス係のティーンエイジャー二人にソーダの機械の扱い方を教えて、サービスのほうを監督してほしいと頼んだ。

こうしてその晩は実に楽しく過ごせた。ローズは上機嫌で金の勘定を、ジェーンはティーンエイジャーたちの監督を、そして私はゆっくりとコンサートを、楽しむことができた」

この賞賛の哲学は、外交官や地域集会の会長になるまでは、応用の道がないなどというものではない。日常に応用して大いに魔術的効果を収めることができる。

たとえば、レストランで、給仕が注文を間違えて持ってきた時、「面倒をかけて済みませんが、私はコーヒーよりも紅茶のほうがいいんです」と丁寧に言えば、給仕は快く取り替えてくれる。相手に敬意を示したからだ。こういう丁寧な思いやりのある言葉遣いは、単調な日常生活の歯車に差す潤滑油の働きをし、同時に、育ちのよさを証明する。

もう一つ例を挙げよう。ホール・ケインは『キリスト教徒』『マン島の裁判官』『マン島の男』など、二十世紀のはじめ頃、次々とベストセラーになった小説を書いた有名な作家だが、もともと鍛冶屋の息子だった。学校には八年そこそこしか行かなかったが、しまいには世界でも指折りの富裕な作家になった。

ホール・ケインは、十四行詩や物語詩が好きで、イギリスの詩人ダンテ・ゲーブリエル・

ロゼッティに傾倒していた。その結果、彼はロゼッティの芸術的功績をたたえた論文を書き、その写しをロゼッティに送った。ロゼッティは喜んだ。

「私の能力をこれほど高く買う青年は、きっと素晴らしい人物に違いない」

ロゼッティは、おそらくそう思ったのだろう——この鍛冶屋の息子をロンドンに呼び寄せて、自分の秘書にした。これがホール・ケインの生涯の転機となった。この新しい職につくと、当時の有名な文学者たちと親しく交わることができ、その助言や激励を得て、ホール・ケインは新しい人生へ船出し、のちには文名を世界に馳せることになったのである。マン島にある彼の邸宅グリーバ・キャッスルは、世界の隅々から押し寄せる観光客のメッカとなった。彼の残した資産は、二百五十万ドルにのぼったといわれているが、もし有名な詩人に対する賛美の論文を書かなかったとしたら、彼は貧しい無名の生涯を送ったかもしれない。

心からの賞賛には、このようなはかり知れない威力がある。

ロゼッティは自分を重要な存在だと考えていた。当然のことだ。人間は、ほとんど例外なく、そう思っている。

世界中どこの国の人間でも、そう思っているのだ。

自分は重要な存在なのだと思うように仕向けてくれる人が誰かいたら、おそらく大勢の人の人生が変わるのではないかと思われる。カリフォルニアのカーネギー・コースの講師ロナルド・ローランドは美術工芸も教えているが、工芸の初級の生徒クリスの話を次のように伝えている。

クリスは物静かで、内気な、自信のない、したがって目立たない男の子だった。私はこの初級クラスの他に上級クラスも受け持っているが、上級クラスに進むことは、生徒にとっては大きな誇りであった。

ある水曜日、クリスは自分の机で熱心に作品と取り組んでいた。彼の心の奥に燃えさかる情熱の火を見る思いがして、私は、強い感動を覚えた。「クリス、どうだね、上級クラスに入れてあげようか？」。私の言葉を聞いたクリスの顔は見ものだった。十四歳の恥ずかしがり屋の感激にあふれた顔！　うれし涙を懸命にこらえている様子だ。「え！　僕を？　ローランド先生、僕にそんな力がありますか？」「あるとも。君には十分それだけの実力があるよ」

それだけ言うのが精一杯だった。私の目にも涙があふれてきそうになったのだ。教室を出ていくクリスは、心なしか背丈が五センチばかり伸びたように思われ、私を見る目は輝き、声には自信が満ちていた。「ありがとうございます。ローランド先生」

クリスは私に生涯忘れ得ない教訓を与えてくれた。人間は自分が重要な存在だと自覚したいのだという事実に対する教訓がそれである。私は〝あなたは重要な存在だ〟と、この教訓を記した標示板をつくり、皆の目につくように、また、私自身が、生徒はそれぞれ等しく重要な存在であることを常に忘れないように、教室の入口に掲げた。

人は誰でも他人より何らかの点で優れていると思っている。だから、相手の心を確実につかむ方法は、相手が相手なりの世界で重要な人物であることを率直に認め、そのことをうまく相手に悟らせることだ。

エマーソンが、どんな人でも自分より何らかの点で優れており、学ぶべきところを備えていると言ったことを思い出していただきたい。

ところが哀れなのは、何ら人に誇るべき美点を備えず、そのことからくる劣等感を、鼻持ちのならぬうぬぼれや自己宣伝で紛らそうとする人たちである。

シェイクスピアは、そのあたりの事情を「傲慢不遜な人間め！　取るにも足りぬことを種にして、天使をも泣かせんばかりのごまかしをやってのけおる」と表現している。

賞賛の原則を応用して成功を収めた三人の人物を紹介しよう。三人とも、私の講習会の受講者である。まず、コネティカットの弁護士の話だが、本人は親戚に対して都合が悪いから、名を出さないでくれというので、仮にR氏としておこう。

私の講習会に参加して間もなく、R氏は、夫人と一緒にロング・アイランドへ、夫人の親戚を訪問に出かけた。年とった叔母の家に着くと、夫人はR氏に叔母の相手をさせ、自分は他の親類の家へ行ってしまった。R氏は、賞賛の原則を実験した結果を講習会で報告することになっていたので、まずこの年老いた叔母に試してみようと思った。そこで彼は、心から感心することができるものを見つけようと家の中を見まわした。

「この家は一八九〇年頃に建てたのでしょうね」

彼が訪ねると、叔母が答えた。

「そう、ちょうど一八九〇年に建てましたの」

「私の生まれた家も、ちょうどこういう家でした。立派な建物ですね。なかなかよくできています。広々として。……このごろでは、こういう家を建てなくなりましたね」

それを聞くと、叔母は、我が意を得て、うれしそうに相づちを打った。

「本当にそうですよ。このごろの若い人たちは、家の美しさなんてものには、まるで関心を持たないんですからねえ。小さなアパートと、それから、遊びまわるために自家用車というのが、若い人たちの理想なんでしょう」

昔の思い出を懐かしむ響きが、彼女の声に加わってきた。

「この家は、私にとっては夢の家です。この家には愛がこもっています。この家が建った時、主人と私との長い間の夢が実現されたのです。設計は建築家に頼まず、私たちの手でしました」

それから彼女は、R氏を案内して家の中を見せた。彼女が旅行の記念に求めて大切にしている美しい収集品を見たR氏は、心から賛嘆の声を上げた。スコットランドのペイズリー織のショール、古いイギリス製の茶器、ウェッジウッドの陶器、フランス製のベッドと椅子、イタリアの絵画、フランスの貴族の館に飾られてあったという絹の掛布などが、そのうちに含まれていた。

家の中の案内が済むと、叔母は、R氏をガレージへ連れていった。そこには、新品に等しいパッカードが一台、ジャッキで持ち上げたままになっていた。それを指さして、叔母が静かに言った。

「主人がなくなるちょっと前に、この車を買ったのですが、私は、この車に乗ったことがありません。……あなたは物の良さがわかる方です。私は、この車をあなたに差し上げようと思います」

「叔母さん、それは困ります。もちろん、お気持ちはありがたいと思いますが、この車をいただくわけにはいきません。私はあなたと血のつながりがあるわけではありませんし、自動車なら、私も最近買ったばかりです。このパッカードをほしがっている近親の方は大勢おいででしょう」

R氏が辞退すると、叔母は叫んだ。

「近親！　確かにいますよ。この車がほしくて、私の死ぬのを待っているような近親がね。だけど、そんな人たちにこの車はあげませんよ」

「それなら、中古自動車の店へお売りになればいいでしょう」

「売る！　私がこの車を売るとお思いですか？　どこの誰ともわからない人に乗りまわされて、私が我慢できるとお考えですか？　この車は主人が私のために買ってくれた車ですよ。売るなんてことは、夢にも思いません。あなたに差し上げたいのです。あなたは美しい物の値打ちがおわかりになる方です」

R氏は何とか彼女の機嫌を損なわずに断ろうとしたが、とても、そんなことはできない相談だった。

広い屋敷にただ一人で、思い出を頼りに生きてきたこの老婦人は、わずかな賞賛の言葉にも飢えていたのだ。彼女にも、かつては若くて美しく、人に騒がれた時代があった。愛の家を建て、ヨーロッパの各地から買い集めてきた品で部屋を飾ったこともあった。ところが、今や老いの孤独をかこつ身となり、ちょっとした思いやりや賞賛がよほど身にしみるのだろう。しかも、それを誰も与えようとしないのだ。だから彼女は、R氏の理解ある態度に接すると、砂漠の中で泉を見つけたように喜び、パッカードをプレゼントしなければ気が済まなかったのだ。

次はドナルド・マクマホンの話である。ニューヨークにあるルイス&ヴァレンタイン造園会社の庭師の長を務めるマクマホン氏の経験は、こうだ——

「講習会で〝人を動かす法〟の話を聞いてから間もなく、私は、ある有名な法律家の屋敷で庭づくりをしていた。するとその家の主人が庭に出てきて、シャクナゲとツツジの植え場所を指図した。

私は彼に向かって、『先生、お楽しみですね、あんなに立派な犬をたくさんお飼いになっていて。マディソン・スクェア・ガーデンの犬の品評会で、お宅の犬がたくさんほうびをもらったそうですね』と話しかけた。

このちょっとした賛辞の反響には、驚いた。

主人は、うれしそうに『そりゃあ君、とても楽しいものだよ。一つ犬小屋へ案内しようかね』と言い出した。

一時間ばかりも彼は自慢の犬や賞牌を次々と見せ、そのうちに、血統書まで持ち出してきて、犬の優劣を左右する血統について説明してくれた。

最後に、彼が『君の家には男の子がいるかね?』と訪ねるので、いると答えると、『その坊やは、子犬が好きかね?』と聞く。『ええ、そりゃもう、とても好きですよ』と答えた。すると、彼は、『よろしい、一匹、坊やに進呈することにしよう』と言い出した。

彼は、子犬の育て方を説明しはじめたが、ちょっと考えて『口で言っただけじゃ忘れるかもしれんね。紙に書いてあげよう』と言い残して、家の中に入っていった。そして血統書と飼い方をタイプしたものとを添えて、買えば百ドルもする子犬をくれた。そればかりでなく、彼の貴重な時間を一時間半も割いくれたわけだ。これが、彼の趣味とその成果に対して送った率直な賛辞の産物だった」

コダック写真機で有名なジョージ・イーストマンは、いわゆる〝活動写真〟にとって不可欠な透明フィルムを発明し、巨万の富を築いた世界有数の大実業家である。それほどの大事業を成し遂げた人でも、なお、我々と同じように、ちょっとした賛辞に大変な感激ぶりを見せたのである。

その話を紹介しよう。イーストマンはローチェスターに、イーストマン音楽学校とキルボーン・ホールとを建築中だった。ニューヨークの高級椅子製作会社のジェイムズ・アダムソン社長は、この二つの建物に取りつける座席の注文を取りたいと思っていた。そこでアダムソンは建築家に連絡をとり、イーストマンとローチェスターで会うことになった。

アダムソンが約束の場所に着くと、その建築家が彼に注意した。

「あなたは、この注文をぜひとも取りたいのでしょう。もしあなたがイーストマンの時間を五分間以上とるようなことをすると、成功の見込みは、まずありません。イーストマンはなかなかのやかまし屋で、とても忙しい人ですから、手早く切り上げるに限ります」

アダムソンは、言われたとおりにするつもりだった。

部屋に通されると、イーストマンは机に向かって、山と積まれた書類に目を通していた。やがてイーストマンは、顔を上げて眼鏡を外すと、建築家とアダムソンのほうへ歩み寄って声をかけた。

「おはよう。で、お二人のご用件は?」

建築家の紹介で挨拶が済むと、アダムソンはイーストマンに向かって言った。

「先ほどから私は、この部屋の立派な出来に感心していました。こういう立派な部屋で仕事をするのは、ずいぶん楽しいでしょうね。私は室内装飾が専門ですが、今までこれほど立派な部屋を見たことがありません」

イーストマンが答えた。

「なるほど、そう言われてみると、この部屋ができた当時のことを思い出します。なかなかいい部屋でしょう。できた当座は私もうれしかったのですが、近頃では忙しさに取り紛れて、何週間もこの部屋の良さを忘れていることがあります」

　アダムソンは、羽目板に近づき、それをなでながら言った。

「これはイギリス樫ですね。イタリア樫とはちょっと木目が違います」

　すると、イーストマンは答えた。

「そうです、イギリスから輸入したものです。材木のことをよく知っている友人が選んでくれたのです」

　そしてイーストマンは、部屋の均整、色彩、手彫りの装飾、その他、彼自身の工夫した箇所など、いろいろとアダムソンに説明して聞かせた。

　二人は、手の込んだ部屋の造作を見ながら歩きまわっていたが、窓のところで立ち止まった。イーストマンが、社会事業として自分の建てた諸施設について、物やわらかな調子で控え目に話し出したのである。ローチェスター大学、総合病院、同毒療法《ホメオパシー》病院、友愛ホーム、児童病院などの名が挙げられた。アダムソンは、イーストマンが人類の苦痛を軽減するために彼の財力を活用している理想主義的なやり方について、心から賛意を表わした。やがてイーストマンは、ガラスのケースを開けて、彼が最初に手に入れたという写真機を取り出した。あるイギリス人から買い取った発明品である。

　アダムソンは、イーストマンが商売をはじめた頃の苦労について質問した。するとイーストマンは、貧乏な少年時代を回顧して、寡婦の母が安下宿屋を経営し、自分が日給五十セントで保険会社に勤めていたことなど、実感を込めて話した。貧困の恐怖に日夜つきまとわれていた彼は、何とかして貧乏を切り抜け、母親を安下宿屋の重労働から解放しようと決心したという。アダムソンはなおも質問を続け、写真乾板の実験をしていた頃の話に耳を傾けた。事務所で一日中、働き続けたこと、薬品が作用するわずかな時間を利用して睡眠をとりながら夜どおし実験したこと、時には七十二時間、眠る時も働く時も着のみ着のままで過ごしたことなど、イーストマンの話は尽きなかった。

アダムソンが最初イーストマンの部屋に入ったのは十時十五分で、五分間以上、手間取っては駄目だと言われていた。ところが、すでに一時間も二時間も経過している。それでもまだ話が尽きないのだ。

最後に、イーストマンがアダムソンに向かってこう言った——

「この前、日本へ行った時、椅子を買ってきて家のポーチに置きました。ところが、日に当たって塗りがはげたので、この間、ペンキを買ってきて自分で塗り変えました。どうです、私のペンキ塗りの腕前を見てくれませんか？——じゃあ、一度、家のほうへいらしてください。昼食のあとでごらんに入れましょう」

昼食後、イーストマンは、アダムソンに椅子を見せた。一脚一ドル五十セントとはしないような椅子で、およそ億万長者に似つかわしくない代物だが、自分でペンキを塗ったというのが自慢なのだ。

九万ドルに及ぶ座席の注文は、果たして誰の手に落ちたか——それは、言うまでもあるまい。

その時以来、イーストマンとジェイムズ・アダムソンとは、生涯の親友になった。

フランスのルーアンでレストランを経営しているクロード・モーレーは、この原則を活用して幹部従業員の辞職を思いとどまらせた。この従業員は、五年間モーレー氏と二十一人の従業員との間で重要なパイプ役を果たしてきた女性である。モーレー氏が彼女から書留便で辞表を届けられた時のショックは大きかった。

モーレー氏は次のように報告している。

「私は驚いたが、実はそれ以上にがっかりした。私としては、いつもこの女性を公正に処遇してきたと信じていたし、その希望はできるだけ満たすように努めてきた。従業員というよりも友人として扱い、その結果、ややもすると彼女の好意に甘え、一般の従業員に対するよりも苛酷な要求を押しつけていたのかもしれない。

もちろん、納得できる説明がない限りこの辞表は受け取れない。私は彼女を呼んでこう言った。『ポーレットさん、あなたの辞表は受け取れませんよ。わかってください。あなたは私にとっても、会社にとっても、かけがえのない人だ。このレストランをうまくやっていくには、私の努力は別として、あなたの協力がぜひとも必要なのだ』。さらに、私は、全従業員の前で同じ言葉を繰り返した。次に、彼女を自宅に招いて、家族の前でも、彼女に対する信頼の言葉を繰り返した。

ポーレットは辞表を取り下げた。私は以前にもまして彼女を信頼し、彼女もよく働いてくれている。今でも私は機会あるごとに彼女の働きぶりに謝意を表わし、彼女が私とレストランにとってどれほど重要な存在か、彼女自身、悟ってくれるように仕向けている」

「人と話をする時は、その人自身のことを話題にせよ。そうすれば、相手は何時間でもこちらの話を聞いてくれる」——これは大英帝国の史上最高に明敏な政治家の一人、ディズレーリの言葉である。

人に好かれる原則

重要感を与える——誠意を込めて。

PART

3

人を説得する原則

HOW TO
ENJOY
YOUR LIFE
AND
YOUR JOB

「ほとんどの人は、他人の心という固い砦の中に、
その人自身と手を取りあって入り込む
という巧妙な能力を欠いている」と
デール・カーネギーは言った。
「人を説得し、人が熱心に協力してくれる方法」を
学ぼうとするなら、
この巧妙な能力を培うことこそが秘訣である。

13 誤りを指摘しない

セオドア・ルーズヴェルトが大統領だった時、自分の考えることが、百のうち七十五まで正しければ、自分としては、それが望み得る最高だと、人に打ち明けた。

二十世紀の偉人がこのとおりだとすれば、我々はいったい、どうなのだろう。

自分の考えることが五十五パーセントまで正しい人は、ウォール街に出かけて、一日に百万ドル儲けることができる。五十五パーセント正しい自信すらない人間に、他人の間違いを指摘する資格が、果たしてあるだろうか。

目つき、口ぶり、身ぶりなどでも、相手の間違いを指摘することができるが、これは、あからさまに相手を罵倒するのと何ら変わりない。そもそも、相手の間違いを、何のために指摘するのだ——相手の同意を得るために？　とんでもない！　相手は、自分の知能、判断、誇り、自尊心に平手打ちを食らわされているのだ。当然、打ち返してくる。考えを変えようなどと思うわけがない。どれだけプラトンやカントの論理を説いて聞かせても相手の意見は変わらない——傷つけられたのは、論理ではなく、感情なのだから。

「では、君に、そのわけを説明しましょう——」

こういう前置きは、禁物だ。これは、「私は君より頭が良い。よく言い聞かせて君の考えを変えてやろう」と言っているに等しい。

まさに挑戦である。相手に反抗心を起こさせ、戦闘準備をさせるようなものだ。

他人の考えを変えさせることは、最も恵まれた条件のもとでさえ、大変な仕事だ。何を好んで条件を悪化させるのだ。自ら手足をしばるようなものではないか。

人を説得したければ、相手に気づかれないようにやることだ。誰にも感づかれないように、巧妙にやることだ。これについてアレクサンダー・ポープ（一六八八―一七四四、イギリスの詩人）は、こう言っている。

「教えないふりをして相手に教え、相手が知らないことは、忘れているのだと言ってやる」

三百年以上も昔、ガリレオはこう言った。

「人に物を教えることはできない。自ら気づく手助けができるだけだ」

チェスターフィールド卿（一六九四―一七七三、イギリスの政治家・外交官）が息子に与えた処世訓の中に、次のような一節がある――

「できれば、人より賢くなりなさい。しかし、それを、人に知らせてはいけない」

ソクラテスは弟子たちに、こう繰り返し教えた――

「私の知っていることは一つだけだ――自分が何も知っていないということ」

私は、どう間違ってもソクラテスより賢いはずがない。だから、他人の間違いを指摘するような真似は、いっさいしないことに決めた。この方針のおかげで、ずいぶんと得をしてきた。

相手が間違っていると思った時には――思うばかりでなく、事実、それが明瞭な間違いだった時にも、こんな具合に切り出すのがいいと思うがどうだろう――

「実は、そんなふうには考えていなかったのですが――おそらく私の間違いでしょう。私はよく間違います。間違っていましたら改めたいと思いますので、一つ事実をよく考えてみましょう」

この「おそらく私の間違いでしょう。私はよく間違います。一つ事実をよく考えてみましょう」という文句には、不思議なほどの効き目がある。これに反対する人間は、どこの世界にも、まずいないはずだ。

モンタナ州ビリングスで車の販売をやっているハロルド・レインクという男が、このやり方を応用した。彼によると、車の販売は、毎日の精神的疲労が大きく、客の苦情に対しても、つっけんどんになりがちだという。思わずかっとなって商談は壊れ、不愉快な気分だけがあとに残ることがよくあるとのことだった。

「こんな調子で続けていたら、お先真っ暗だと気づいた私は、新しい手を使おうと考えた。たとえば、客にこう言ってみる。『お恥ずかしい話ですが、私どもの店でもこれまでにへまをしたことが何回かあります。今度も、何か考え違いがあるかもしれません。お気づきの点がありましたら、どうぞおっしゃってください』

これで、相手側も気を許して、胸にあることを率直に話し、最後には物わかりよく決着をつけてくれる。私の〝理解のある態度〟に対して、客から礼を言われることもあった。新車を買いたいという友人を店まで連れてきて紹介してくれた人が二人もいた。競争の激しい自動車業界では、そういう客が何よりもありがたい。客の意見を尊重し、客を大切に扱うことだけが、激しい競争に勝つ道だと私は思っている」

「おそらく私の間違いでしょう」と言って、面倒の起きる心配は絶対にない。むしろ、それで議論が収まり、相手も、こちらに負けず寛大で公正な態度をとりたいと思うようになり、自分も間違っているかもしれないと反省する。

相手が明らかに悪いとわかっている場合、それを露骨に指摘すれば、どんな事態が生じるか、そのいい例を話そう。ニューヨークの若い弁護士S氏が、アメリカ最高裁判所の法廷で弁護を行なっていた。その事件には、相当多額の金銭と重要な法律問題とが含まれていた。

論戦の最中に裁判官がS氏に「海事法による期限の規定は六カ年だったね」と言った。S氏は、しばらく黙って裁判官の顔を見つめていたが、やがて、ぶっきらぼうに「閣下、海事法には期限の規定はございません」とやった。

その時の様子を、S氏は私の講習会で、こう語った――

「一瞬、法廷は水を打ったように静まり、冷たい空気があたりにみなぎった。私のほうが正しい。裁判官が間違っているのだ。私はそれを指摘したまでだ。だが、相手は、それで私に好意を持つだろうか？――否。私は今でも自分のほうが正しかったと信じている。その時の弁論も、めったにないほどの上出来だったと信じている。だが、相手を納得させる力は、皆無だった。間違いを指摘して、一流の有名人に恥をかかせるという大失策をやってのけたのだ」

理屈どおりに動く人間は、めったにいるものではない。たいていの人は偏見を持ち、先入観、嫉妬心、猜疑心、恐怖心、ねたみ、自負心などにむしばまれている。自分たちの主義、宗教、髪の刈り方、そして、クラーク・ゲイブルが好きだとか嫌いだとかいった考え方を、なかなか変えようとしないものだ。もし人の間違いを指摘したければ、次の文章を読んでからにしていただきたい。ジェイムズ・ロビンソン教授の名著『精神の発達過程』の一節である。

「我々は、あまりたいした抵抗を感じないで自分の考え方を変える場合がよくある。ところが、人から誤りを指摘されると、腹を立てて、意地を張る。我々は実にいい加減な動機から、いろいろな信念を持つようになる。だが、その信念を誰かが変えさせようとすると、我々は、がむしゃらに反対する。この場合、我々が重視しているのは、明らかに、信念そのものではなく、危機に瀕した自尊心なのである……〝私の〟という何でもない言葉が、実は、人の世の中では、一番大切な言葉である。この言葉を正しくとらえることが、思慮分別のはじまりだ。〝私の〟食事、〝私の〟犬、〝私の〟家、〝私の〟父、〝私の〟国、〝私の〟神様――下に何がつこうとも、これらの〝私の〟という言葉には同じ強さの意味がこもっている。我々は、自分のものとなれば、時計であろうと自動車であろうと、あるいはまた、天文、地理、歴史、医学その他の知識であろうと、とにかく、それがけなされれば、等しく腹を立てる……我々は、真実と思い慣れてきたものを、いつまでも信じていたいのだ。その信念を揺るがすようなものが現われれば、憤慨する。そして、何とか口実を見つけ出してもとの信念にしがみつこうとする。結局、我々のいわゆる論議は、たいていの場合、自分の信念に固執するための論拠を見出す努力に終始することになる」

高名な心理学者カール・ロジャースは、『人格の形成』の中でこう述べている。

他人を真に理解することが、どれほど難しく、どれほど大きな価値があるかはかり知れないものがある。私たちは、他人からいろいろなことを聞かされるが、その時、どう反応するだろうか？　相手の言ったことに対して理解ではなく、価値判断をまず与えるのが普通である。誰かが何かについて、感想、意見、または信念を述べると、それを聞いた私たちは、即座に、「そのとおり」とか「馬鹿らしい」とか「突拍子もない」とか「無茶だ」とか「間違いだ」とか「ひどすぎる」とか評価して決めつけてしまう。相手の真意が、どこにあるのか正確に理解しようと努めることはきわめてまれである。

ある時私は、インテリア・デザイナーに、部屋のカーテンをつくらせたことがある。請求書が届くと、息の根が止まるような気がした。

数日後、ある婦人がやってきて、そのカーテンを見た。値段を聞かせると、彼女は、まるで勝ち誇ったような調子で叫んだ。

「まあ、ずいぶんなお値段ね。だいぶ儲けさせたんですよ」

実は、彼女の言うとおりだった。だが、自分の愚かさを暴露するような事実に好んで耳を傾ける人間はほとんどいない。やはり私も大いに自己弁護をやった。良いものは結局安くつくとか、上等な芸術品は、特価品よりも高価なのは当然だとか、いろいろと言い立てた。

次の日、もう一人の婦人が訪ねてきて、同じカーテンを見ると、しきりにそれをほめそやし、自分も、金さえあれば、ぜひほしいものだと言った。それに対する私の反応は、前とはまるきり違っていた。

「実のところ、私にも、こんなものを買う金はありません。どうも、ぼられたような気がします。注文しなければよかったと後悔しているんです」

我々は、自分の非を自分で認めることはよくある。また、それを他人から指摘された場合、相手の出方が優しくて巧妙だと、あっさり非を認め、むしろ自分の率直さや腹の太さに誇りを感じることさえある。しかし、相手がそれを無理やりに押しつけてくると、そうはいかない。

南北戦争の頃、全国に名の聞こえた編集長でホレス・グリーリーという男がおり、リンカーンの政策に大反対を唱えていた。この男は論駁、嘲笑、非難などの記事によって、リンカーンの意見を変えさせようと何年間も頑張り続けた。リンカーンがブースの凶弾に倒れた日にさえ、彼は、リンカーンに対する不遜きわまる人身攻撃をやめなかった。で、効果はあったか？　もちろんない。嘲笑や非難で意見を変えさせることは不可能だ。

人の扱い方と自己の人格を育てる方法を知りたければ、ベンジャミン・フランクリンの自叙伝を読めばよい。読みはじめると、夢中になることはうけあいである。また、アメリカ文学の古典でもある。

この自伝で、フランクリンは、いかにして自己の議論好きな悪癖を克服し、有能さと人当たりの良さと外交的手腕にかけてはアメリカで一流の人物になれたか説明している。

フランクリンがまだ血気盛んな青年の頃、彼の友人でクェーカー教の信者がいたが、その男に、誰もいないところで、手厳しい説教を食らった。

「ベン、君は駄目だよ。意見の違う相手に対しては、まるで平手打ちを食らわせるような議論をする。それが嫌さに、君の意見を聞く者が誰もいなくなったではないか。君がそばにいないほうが、君の友人たちにとってはよほど楽しいのだ。君は自分が一番物知りだと思っている。だから、誰も君には物が言えなくなる。事実、君と話せば不愉快になるばかりだから、今後は相手にすまいと皆がそう思っているんだよ。だから、君の知識は、いつまでたっても、今以上に増える見込みはない——今の取るに足りない知識以上にはね」

この手ひどい非難を素直に受け入れたのが、フランクリンの偉いところだ。この友人の言うとおり自分は今破滅の淵に向かって進んでいるのだと悟ったあたり、彼は偉大であり賢明だったわけだ。そこで、彼はまわれ右をした。従来の傲慢で頑迷な態度を、たちどころに投げ捨てたのである。

フランクリンは次のように言っている——

「私は、人の意見に真っ向から反対したり、自分の意見を断定的に述べないことにした。決定的な意見を意味するような言葉、たとえば、〝確かに〟とか〝疑いもなく〟などという言葉はいっさい使わず、その代わりに『自分としてはこう思うのだが……』とか『私にはそう思えるのだが……』と言うことにした。相手が明らかに間違ったことを主張しても、すぐそれに反対し、相手の誤りを指摘することをやめた。そして、『なるほどそういう場合もあるだろうが、しかしこの場合は、少し事情が違うように思われるのだが……』という具合に切り出すことにした。こうして、今までのやり方を変えてみると、ずいぶんと利益があった。人との話し合いが、それまでよりもよほど楽しく進む。控え目に意見を述べると、相手はすぐ納得し、反対する者も少なくなった。私自身の誤りを認めるのがたいして苦にならなくなり、また、相手の誤りも、たやすく認めさせることができるようになった。

この方法を用いはじめた頃は、自分の性質を抑えるのにずいぶん苦労したものだが、しまいには、それがやすやすとできるようになり、習慣にさえもなってしまった。おそらくこの五十年ほどの間、私が独断的な言い方をするのを聞いた人は、誰もいないだろう。新制度の設定や旧制度の改革を提案すると、皆すぐに賛成してくれたのも、また、市会議員になって議会を動かすことができたのも、主として、第二の天性となったこの方法のおかげだと思う。もともと私は口下手で、決して雄弁家とは言えない。言葉の選択に手間取り、選んだ言葉もあまり適切でないことが多い。それでいて、たいていの場合自分の主張を通すことができたのである」

このフランクリンのやり方が、果たして商売に役立つかどうか、例を挙げてみよう。

ノースカロライナ州キングズ・マウンテンのキャサリン・オールレッドは、ある製糸工場の技術主任をしている女性である。彼女はある時、私の講習会に参加する前と後とで、問題の扱い方がどう変わったか、次のように話した。

「私の仕事の一つは、従業員が毛糸を増産して自分たちの収入を伸ばす奨励制度と作業目標をつくり、それを管理運営することだった。糸の種類が二、三種に限られていた時代は、これまでの制度でうまくいっていた。ところが最近は業務が拡大して十二種類以上の糸を生産するようになった。今までの制度では実績に見合った賃金を公正に支払って増産の意欲をかき立てることが難しくなってきた。そこで私は、新しい制度を工夫した。一定の時間内に生産する毛糸の等級に応じて賃金を支払うことにしたのだ。私はこの新しい制度をたずさえ、重役連中を説得しようと大いに意気込んで会議に臨んだ。まず私は、これまでの間違いを事細かに説明し、自分の考えた制度が解決策としていかに優れたものであるか、とうとうと力説した。ところが、結果は、みじめな敗北に終わった。自分の考えた制度を推進することに急で、従来の制度の欠陥を素直に認めるゆとりを、重役たちに持たせる配慮に欠けていたのだ。それで、この案は廃案と決まった。

この講習会に参加して、私は、自分の間違いがはっきりわかった。そこで、もう一度役員会を開いてもらい、今度は、まず出席者に問題点を探し出してもらった。次に、指摘された問題点を取り上げて議論し、今後の処置をどうするか、皆の意見を聞いた。それから、適当な間をおいて提案を行ない、それについて議論をしてもらい、修正を加えながら固めていった。会議が終わりに近づいて、私の考えた制度そのものを提示した時は、全員が賛成するところまできていたのである。

この経験から、私は、相手の間違いを頭から決めつけるやり方は、効果がないどころか、結局は、相手の自尊心を傷つけ、皆からも敬遠されて、話し合いもできなくなるのがおちだと悟った」

もう一つの例を挙げよう。この種の話は世間にはざらにあるはずだ——

ニューヨークのある木材会社のセールスマン、R・V・クローレーは、長年、取引先の頑固な木材検査係たちを向こうにまわして議論し、議論するたびに相手をやり込めてきた。しかし、それで、決していい結果は得られなかった。クローレーの説によると、木材検査係などという連中は、野球の審判と同じで、いったん判定を下すと決してそれを変えようとはしないのだそうだ。

彼は議論には勝ったが、おかげで会社は数千ドルの損害をこうむった。彼は、私の講習会に参加し、今までのやり方を変え、議論はいっさいすまいと決心した。それで、どのような結果が得られたか、講習会で彼が語った体験談を聞こう。

「ある朝、事務所の電話がけたたましく鳴った。発送した一車分の材木の品質が悪く、受け取るわけにはいかぬと、ある得意先の工場から苦情を言ってきたのである。荷おろしを中止してあるから、早く引き取りにこいという。およそ四分の一ほど荷物を下ろしてから、検査係が、この材木には半分以上不合格品がまじっていると報告したので、こういう事態になったのだそうである。

私は早速相手の工場に出向いていったが、その途中、一番適切な処置を考えてみた。こういう場合、いつもなら、長年にわたって蓄えた木材に関する知識を傾けて、等級判定基準について相手方の検査係の誤りを指摘したことだろう。だが、今度は、この講習会で教わった原則を応用してみようと考えた。

その工場に着くと、購入係と検査係がふくれっ面をして、今にも食ってかかりそうな様子だった。私は、相手と一緒に現場へ行き、とにかく材木を全部おろして見せてくれと頼んだ。そして、今までやっていたとおりに合格品と不合格品を選り分けて別々に並べてみてくれと検査係に頼んだ。

検査係が選別するのをしばらく眺めているうちに、彼のやり方が厳格すぎ、判定基準を誤っていることがわかった。問題の材木は白松材だが、彼の知識は堅木材に限られており、白松材の検査係としては落第であることもわかった。白松材は私の専門である。だが私は、彼のやり方に対して、あえて異議は申し立てなかった。しばらく黙って見ていたが、やがて、少しずつ不合格の理由を聞きはじめた。しかし、相手の間違いを指摘するような態度は決してとらず、今後どういう品物を送れば満足してもらえるのかそれが知りたいのだと言った。

相手のなすがままにまかせて、協調的な親しい態度で尋ねているうちに、相手の気持ちもなごみ、今までの険悪な空気も薄れてきた。私が時おり発する注意深い質問が、相手に反省のきっかけを与えた。あるいは自分が不合格品としてはねている材木は、注文どおりの等級のもので、むしろ自分が等級以上の基準を適用しているのかもしれないと、彼は思いはじめたらしい。私としては、まさにそこを言いたかったのだが、そんな気配はおくびにも出さなかった。

次第に彼の態度が変わってきた。とうとう彼は私に向かって、実は白松材についてはあまり経験がないのだと言い、積みおろす材木一本一本について、質問しはじめた。私は、その材木が皆、指定の等級には合格しているのだと説明したかったのだが、それをやめて、お気に召さないのは喜んで引き取ろうと申し出た。ついに彼は、不合格品を増やすごとに自責の念を覚えるところまできた。そしてとうとう、誤りは彼のほうにあることを認め、はじめからもっと上等の等級を注文すべきだったと言った。

結局、彼は、私が帰ってからもう一度検査をやり直した上、全部買い入れることにし、全額を小切手で支払った。

ちょっとした心遣いと相手の誤りを指摘しないという心がけによって、この例だけでも、すでに百五十ドルの収益を上げ、他に金銭には代えがたい善意までも手に入れることができたのである」

マーティン・ルーサー・キング（一九二六―六八、アメリカ黒人解放運動指導者）は、平和主義者として世に知られていたが、当時アメリカの黒人として最高位をきわめた軍人、ダニエル・ジェイムズ空軍大将を崇拝していた。平和主義者が軍人を崇拝する矛盾を指摘されたキング博士の答えはこうだった。

「人を判断する場合、私はその人自身の主義・主張によって判断することにしている――私自身の主義・主張によってではなく」

これと似た話だが、ロバート・リー将軍（一八〇七―七〇、アメリカ南北戦争の際の南軍の総指揮官）はかつて南部連盟の大統領ジェファーソン・デイヴィスに対して、自分の部下の将校のことを最大級の賛辞でほめた。そばで聞いていた将校が驚いた。

「閣下、今おほめになった人物は、事あるごとに閣下のことを中傷していますが、ご存じないのですか？」

リー将軍は答えた。

「知っている。だが、大統領は、彼を私がどう思うかと尋ねられた。彼が私をどう思っているかとお尋ねになったのではない」

本章に述べた事柄は、決して目新しいものではない。千九百年前にキリストは、「すみやかに汝の敵と和解せよ」と教えている。

紀元前二千二百年の昔、エジプト王アクトイが彼の王子を、「人を納得させるには、外交的であれ」と諭している。

つまり、相手が誰であろうと、口論をしてはいけない。相手の間違いを指摘して怒らすようなことはせず、いささか外交的手法を用いよということだ。

人を説得する原則

相手の意見に敬意を払い、誤りを指摘しない。

14 穏やかに話す

腹が立った時、相手を思い切りやっつければ、さぞかし胸がすくだろう。だがやっつけられたほうは、同じように胸がすくだろうか？　喧嘩腰でやっつけられて、気持ちよくこちらの思いどおりに動いてくれるだろうか？

ウッドロー・ウィルソン大統領はこう言う――

「もし、相手が拳を固めてやってくれば、こちらも負けずに拳を固めて迎える。だが、相手が『お互いによく相談してみようではありませんか。そして、もし意見の相違があれば、その理由や問題点をつきとめましょう』と穏やかに言えば、やがて、意見の相違は思ったほどでもなく、互いに忍耐と率直さと善意を持てば、解決できることがわかる」

このウィルソンの言葉を、誰よりもよく理解していたのは、ジョン・ロックフェラー二世である。一九一五年のロックフェラーは、コロラド州の民衆からおそろしく嫌われていた。アメリカ産業史上まれに見る大ストライキが二年にわたってコロラド州を揺るがせ、ロックフェラーの会社に賃上げを要求していた従業員たちが、極度に尖鋭化していたのである。会社の建物は破壊される、軍隊は出動する、ついには発砲、流血騒ぎとなった。

このような対立激化の最中に、ロックフェラーは何とか相手方を説得したいと思った。そして、それを成し遂げた。どうやって成し遂げたか、それを紹介しよう。

彼は数週間にわたって和解の工作を行なったのち、組合側の代表者たちを集めて話した。この時の演説は一点非の打ちどころのない立派なもので、思いがけない成果を収めた。ロックフェラーを取りまいてたぎり立っていた憎悪の大波を静め、多数の味方ができたのである。ロックフェラーは、その演説で、友情にあふれた態度で事実を諄々《じゅんじゅん》と説いた。すると労働者たちは、あれほど主張してきた賃上げについては何も言わずに各自の職場へ復帰していった。

その時の演説のはじめの部分を引用してみよう。いかにそれが友情にあふれているか、よく味わっていただきたい。

ロックフェラーは、つい先ほどまで彼をしばり首にしても飽き足りないと思っていた連中を相手に、きわめて友好的な口調で、穏やかに話しかけた。たとえ慈善団体に向かって話す時にも、こうまで穏やかな態度は示すまいと思われるほどだった。

「私は、この席に出たことを大変誇りに思います」

「皆さんの家庭を訪問し、家族の方々にお会いしたので、私たちは、見知らぬ他人ではなく、友人としてお会いしているわけです」

「我々相互の友情」

「我々の共通の利害」

「私が本日この席に出ることができたのは、ひとえに皆さんの好意の賜物と考えています」

　こういった言葉が、彼の演説を飾っていた。

　ロックフェラーは口を開くと、こう言った——

「本日は私の生涯で特に記念すべき日であります。この大会社の従業員代表並びに幹部社員の皆さまにお目にかかる機会を得たことは、私にとってはかつてない幸福に恵まれたものと思っています。そして、私は、この席に出たことを大変誇りに思います。この会合は末長く私の記憶に残ることと確信しています。もしこの会合が二週間前に持たれていたら、おそらく私は、ごく少数の方を除いて、大部分の方々とは顔なじみのない存在にすぎなかっただろうと思います。私は先週、南鉱区の職場をくまなく訪ね、おり悪しく不在だった方を除いて、ほとんど全部の代表者の方々と個々に話し合い、また、皆さんの家庭を訪問し、家族の方々にお会いしたので、私たちは、見知らぬ他人ではなく、友人としてお会いしているわけです。このような我々相互の友情に基づいて、私は、我々の共通の利害につき、皆さんと話し合いたいと思います。

　この会合は、会社の幹部社員と従業員代表の方々が持たれたものと聞いております。幹部社員でもなく、従業員代表でもない私が本日この席に出ることができたのは、ひとえに皆さんの好意の賜物と考えています。私は幹部社員でも従業員でもありませんが、しかし、株主と重役の代表者という意味において、皆さんと密接な関係があると思います」

これこそ、敵を味方にする方法の見本とも言うべき例であろう。

もしロックフェラーが別な方法をとって、議論を闘わし、事実を盾にとって、間違いは労働者側だと言わんばかりに弁じ立てるか、あるいは、彼らの誤りを理論的に証明しようなどとしていたら、いったい、どうなっただろうか？　それこそ、火に油を注ぐ結果になったに違いない。

「相手の心が反抗と憎悪に満ちている時は、いかに理を尽くしても説得することはできない。子供を叱る親、権力を振りまわす雇い主や夫、口やかましい妻――こういった人たちは、人間は自分の心を変えたがらないということをよく心得ておくべきだ。人を無理に自分の意見に従わせることはできない。しかし、優しい打ち解けた態度で話し合えば、相手の心を変えることもできる」

右のような意味のことを、リンカーンはすでに百年前に述べている。そしてこれも――

「〝バケツ一杯の苦汁よりも一滴の蜂蜜のほうが多くのハエがとれる〞ということわざはいつの世にも正しい。人間についても同じことが言える。もし相手を自分の意見に賛成させたければ、まず諸君が彼の味方だとわからせることだ。これこそ、人の心をとらえる一滴の蜂蜜であり、相手の理性に訴える最善の方法である」

経営者のうちには、ストライキ側と友好的になることは大きな利益だとわかりはじめた者もいる。一例を挙げてみよう。

ホワイト・モーター社の二千五百人の従業員が、賃上げとユニオン・ショップ制採用を要求してストライキを起こした。社長のロバート・ブラックは労働者に対していささかも悪感情を示さず、逆に彼らが〝平和な態度でストライキに入った〟ことを、クリーブランド紙上でほめ上げた。ピケを張っている者たちが退屈しているのを見ると、彼は野球の道具を買い入れ、空き地を利用して野球をやるようにすすめ、ボウリングの好きな者のためには、ボウリング場を借りてやった。

経営者側のとったこの友好的態度は十分にむくわれた。つまり、友情が友情を生んだのである。労働者たちは、掃除道具をどこからか借りてきて、工場のまわりを清掃しはじめた。一方で賃上げとユニオン・ショップ制実施のために闘いながら、片方では工場のまわりを掃除しているのである。微笑ましい風景ではないか。激しい争いに彩られたアメリカ労働史上かつて見られなかった情景だ。このストライキは一週間のうちに妥結し、双方に何の悪感情も残らなかった。

ダニエル・ウェブスターは、くらべる者のない堂々たる風采と雄弁に恵まれ、自己の主張を通すことにかけては、彼の右に出る弁護士はいなかった。しかし、どんな激論を闘わす場合でも、彼はきわめて穏やかな態度で切り出した。決して高圧的な言い方はしない。自分の意見を相手に押しつけようとはせず、穏やかな、打ち解けた態度を示す。それが彼の成功を大いに助けたのである。

労働争議の解決を頼まれたり、被告の弁護を依頼されたりする人は、めったにいないだろうが、家賃や地代を安くしてもらいたい人は、いくらもいることだろう。そういう人に、この穏やかな話し方がどんなに役に立つかを考えてみよう。

O・L・ストローブという技師が、部屋代を安くしてもらいたいと思った。だが、家主は評判の頑固者だった。以下、彼が私の講習会で公開した話を紹介しよう——

「私は契約期間が終わり次第、アパートを出ると家主に通告の手紙を出した。だが、本当は出たくなかったのだ。家賃を安くしてくれさえすれば、そのままそこにいたかった。しかし、情勢はまったく悲観的だった。他の借家人も皆、失敗しており、あの家主ほど扱いにくい男はいないと口を揃えて言っていた。だが、私は心の中でこう考えた。『私は講習会で〝人の扱い方〟を習っている。家主に応用して、効果を試してみよう』

私の手紙を受け取ると、早速家主が秘書を連れてやってきた。私は快活な笑顔で家主を迎え、心からの好意を示した。家賃が高いなどとは決して言い出さない。まず、このアパートが非常に気に入っているのだと話し出した。実際、私は〝惜しみなくほめたたえ〟たのである。アパートの管理についても大いに敬服し、せめてもう一年ぐらいはここにいたいのだが、残念ながらそれができないのだと家主に言った。

家主は、今まで借家人からこういう歓迎を一度も受けたことがなかったのだろう。すっかり勝手が違った様子だった。

しばらくすると、家主は自分の苦労をぼつぼつ話しはじめた。苦情ばかり持ち込む借家人――なかには十四通も苦情の手紙をよこした者もあり、そのうちには、明らかに侮辱的な手紙もいくつかあった。家主の責任で階上の男のいびきを止めてくれなければ契約を破棄するとおどしてきた者もいたそうだ。『あなたのように、話のわかる方がいてくださるとは、本当にありがたいことです』と言って、私から何も言い出さないうちに、家主のほうから家賃を少し下げようと言った。私はもっと下げてもらいたかったので、はっきりと私の払える金額を言うと、家主は直ちにそれを承諾してくれた。

そのうえ彼は、『部屋の装飾を変えてあげたいのですが、何かご注文はありませんか』と言って帰っていった。

もし私が他の借家人と同じ方法で、家賃の引き下げ運動をやったとしたら、やはり彼らと同様に失敗したに違いない。友好的で同情的な、そして感謝に満ちた態度が、この成功をもたらしたのである」

ペンシルバニア州ピッツバーグのディーン・ウッドコックは、電気会社の部長である。ある時、部下が電柱の頂上に取りつけた器具の修理をすることになった。この種の作業は従来、他の部の受け持ちになっていて、ウッドコックの部に移管されたのは、ごく最近だった。すでに訓練は済んでいたが、実際に手がけるのは今回がはじめてだった。それで、会社中がこの初仕事に注目したのである。ウッドコックをはじめ、配下の課長たち、それに他の部の者まで加わって作業を見に出かけた。乗用車やトラックが多数集まり、大勢の人間が電柱の先端で作業する二人の男を見守っていた。

そのうちに、通りかかった車から一人の男がカメラを手におりてきて、現場の写真を撮りはじめた。電気会社をはじめ一般に公益事業の関係者は、いつも世評に気を遣っているが、ウッドコックも、この場の仰々《ぎょうぎょう》しい情景が、写真を撮っている男の目にどう映るか、それを思うと不安になってきた。二人でできる仕事に、何十人という人間が集まっているのである。ウッドコックは、そのカメラの男のところへ歩み寄った。

「私どもの作業に興味をお持ちのようですね」

「ええ。でも、私の母には、興味どころの騒ぎではないでしょう。母はお宅の会社の株を持っていますからね。これを見たら母も目が覚めますよ。馬鹿な投資をしたことに気がつくでしょう。前から母には、お宅の会社は無駄が多いと言っているんです。まさにこれは立派な証拠です。新聞社だって私の撮った写真をほしがるでしょう」

「確かにそう見えますね。私もあなたの立場だったら、きっと同じように考えたと思います。でも、これは特例なんですよ……」

ウッドコックは、今日の作業が自分の部としてははじめての仕事で、そのために重役以下全社員が注目しているが、普通なら二人で十分なのだと説明した。これを聞いて男はカメラをしまい、ウッドコックと握手をして、懇切な説明に礼を述べた。

ディーン・ウッドコックの愛想のいい応対のおかげで、会社は面倒な事態を免れ、不評を未然に防ぐことができたのだった。

ニューハンプシャー州リトルトンのジェラルド・ウィンは、やはり愛想のいい応対のおかげで、損害賠償問題を円満に処理できたと報告している。

「春がまだ浅く、大地の凍結もまだ解け切っていない頃だったが、その季節には珍しい豪雨が降り、普通なら排水溝から流れ去ってしまう水が、予想外のコースを通って、私が最近家を新築したばかりの敷地に流れ込んだ。

水の逃げ場がなく、家の土台に大変な水圧がかかることになった。水はコンクリートづくりの地下室に流れ込み、地下室の暖房炉や温水ヒーターが台なしになった。損害は、修理費だけで二千ドルを上まわったが、この種の損害に対する保険には入っていなかった。

しかし、調べてみると、この分譲地の造成をした時に、この種の損害を防ぐ雨水排水管の敷設を怠っていたことがわかった。そこで地主に会見を申し入れた。地主の事務所まで四十キロの車中で、私は、問題を整理するとともに、カーネギーの原則を思い出して、ここで怒りをぶちまけたら元も子もなくなるぞと、自分に言い聞かせた。先方に到着すると、私は気持ちを鎮め、まず、相手が最近休暇で訪れたという西インド諸島のことを話題にした。次に、頃合いを見はからって、水害による〝ちょっとした〟問題を取り上げた。すると、彼は、たちどころに、問題の処理に相応の努力をする約束をしてくれた。

二、三日して、地主から、損害は補償する上に、将来同じようなことが起こらないように、排水管を敷設すると、電話があった。

確かにこの災害は地主側の手落ちによるものだったが、もし私が愛想よく話を持ちかけなかったら、全額賠償を承知させるのは、大変なことだったろう」

私は子供の頃、ミズーリ州の片田舎の小学校に通っていた。その当時、太陽と北風が腕くらべをする寓話を読んだことがある。北風が「僕のほうが強いに決まっている。あそこにオーバーを着た老人がいるだろう。僕は君よりも早く、あの老人からオーバーを取ってみせる」と威張った。

太陽は、しばらく雲の後ろに隠れた。北風は勢いよく吹いた。だが、北風が吹けば吹くほど、老人はますますしっかりとオーバーで体を包んだ。

北風は精根尽きて、吹きやんでしまった。そこで太陽は、雲間から顔を出し、老人に優しく微笑みかけた。しばらくすると、老人は額の汗をふいてオーバーを脱いだ。太陽は、優しい親切なやり方は、どんな場合でも、激しい力ずくのやり方より、はるかに効果のあるものだと北風に諭した。

一滴の蜂蜜のほうが、バケツ一杯の苦汁よりもたくさんのハエを捕らえることができる。それを知っている人たちが、優しさと友情に満ちた行為の効用を枚挙にいとまがないくらい実証している。メリーランド州ルーサービルのゲール・コナーは、まだ買ってから四カ月もたたない新車が三度目の故障を起こして、販売店に持ち込んだ。その時の話である。「サービス主任に交渉したり、議論したり、どなり散らしてみたところで、解決はとても望めそうに思えなかった。

ショールームを訪ねて、店長に面会を求めると、店長室に通された。私は、自己紹介を済ませると、この店と取引のある友人のすすめで、最近車を買ったが、友人からは、この店のサービスは満点だと聞かされたと話した。店長は私の話を満足げに聞いていた。それから私は、この店のサービス部とちょっとしたトラブルがあることを話し、『お宅の評判を落とすようなことになるかもしれないので、店長としても承知しておかれたほうがよかろうと思ってうかがった』ことをつけ加えた。店長は『よく話してくださった』と礼を述べ、早速善処すると約束してくれた。店長自ら面倒を見てくれたばかりか、私の車の修理中、他の車を貸してくれた」

イソップはクリーサスの王宮に仕えたギリシアの奴隷だが、キリストが生まれる六百年も前に、不朽の名作『イソップ物語』を書いた。その教訓は、二千五百年前のアテネにおいても、また現代のボストンにおいても、バーミンガムにおいても、同じく真実である。太陽は風よりも早くオーバーを脱がせることができる――親切、友愛、感謝は世のいっさいの怒声よりもたやすく人の心を変えることができる。

リンカーンの名言〝バケツ一杯の苦汁よりも一滴の蜂蜜のほうが多くのハエがとれる〟

をよく心にとどめおいていただきたい。

人を説得する原則

穏やかに話す。

15 〝イエス〟と答えられる問題を選ぶ

人と話をする時、意見の異なる問題をはじめに取り上げてはならない。まず、意見が一致している問題からはじめ、それを絶えず強調しながら話を進める。互いに同一の目的に向かって努力しているのだということを、相手に理解させるようにし、違いはただその方法だけだと強調するのである。

最初は、相手に〝イエス〟と言わせるような問題ばかりを取り上げ、できるだけ〝ノー〟と言わせないようにしておく。

オーヴァストリート教授はこう言っている――

「相手にいったん〝ノー〟と言わせると、それを引っ込めさせるのは、なかなか容易なことではない。〝ノー〟と言った以上、それをひるがえすのは、自尊心が許さない。〝ノー〟と言ってしまって、後悔する場合もあるかもしれないが、たとえそうなっても、自尊心を傷つけるわけにはいかない。言い出した以上、あくまでもそれに固執する。だから、はじめから〝イエス〟と言わせる方向に話を持っていくことが、非常に大切なのだ」

話し上手な人は、まず相手に何度も〝イエス〟と言わせておく。すると、相手の心理は肯定的な方向へ動きはじめる。これはちょうど、玉突きの玉がある方向へ転がり出したようなもので、その方向をそらせるには、かなりの力がいる。反対の方向にはね返すためには、それよりもはるかに大きな力がいる。

こういう心理の動きは、きわめてはっきりした形をとる。人間が本気になって〝ノー〟と言う時には、単にその言葉を口にするだけでなく、同時にさまざまのことをやっているのだ。各種の分泌腺、神経、筋肉などの全組織を挙げて、一斉に拒否体勢を固める。そしてたいていの場合、ごくわずかだが、あとずさりをするか、ないしはあとずさりをする準備をする。時によると、それがはっきりわかる程度の大きな動作として現われることもある。つまり、神経と筋肉の全組織が拒否の体勢をとるのだ。ところが、〝イエス〟と言う場合には、こういう現象はまったく起こらない。体の組織が、進んで物事を受け入れようとする体勢になる。それゆえ、はじめに〝イエス〟と多く言わせれば言わせるほど、相手をこちらの思うところへ引っ張っていくことが容易になる。

人に〝イエス〟と言わせるこの技術は、きわめて簡単だ。それでいて、この簡単な技術が、あまり用いられない。頭から反対することによって、自己の重要感を満たしているのかと思われるような人がよくいる。生徒にしろ、顧客にしろ、その他、自分の子供、夫、あるいは妻にしても、はじめに〝ノー〟と言わせてしまうと、それを〝イエス〟に変えさせるには、大変な知恵と忍耐がいる。

ニューヨークのグリニッチ貯蓄銀行の出納係ジェイムズ・エバーソンは、この〝イエス〟と言わせる技術を用いて、危うく逃がしそうになった客を見事に引き止めた。

エバーソン氏の話を紹介しよう。

「その男は預金口座を開くためにやってきました。私は用紙に必要な事項を記入してもらおうとしました。たいていの質問には進んで答えてくれましたが、質問によってはどうしても答えようとしません。

私が人間関係の勉強をはじめる前だったら、この質問に答えてもらわなければこちらも口座を開くわけにはいかないと、はっきり言ったに違いありません。恥ずかしい話ですが、事実、私はこれまで、そういう言い方をしてきました。そうやって相手を決めつけることは、確かに痛快です。銀行の規則を盾にとって、自分の優位を相手に示すことになります。しかし、そういう態度は、わざわざ足を運んでくれた客に好感や重要感を絶対に持たせません。

私は常識にかなった態度をとってみようと決心しました。銀行側の希望ではなく、客の希望について話そう。そして、最初から〝イエス〟と客に言わせるようにやってみようと思いました。そこで、私は客に逆らわず、気に入らない質問には、しいて答える必要はないと言いました。そして、こう言い添えました――『しかし、仮に預金をされたまま、あなたに万一のことがございましたら、どうなさいます？　法的にあなたに一番近い親族の方が受け取れるようにしたくはありませんか？』

彼は〝イエス〟と答えた。

私はさらに、『その場合、私どもが間違いなく迅速に手続きができるように、あなたの近親者のお名前をうかがっておくほうがいいとお思いになりませんか？』と尋ねました。

彼は〝イエス〟と答えます。

私たちのためではなく、彼のための質問だとわかると、客の態度は一変しました。彼自身に関していっさいのことを話しただけではなく、私のすすめに応じ、彼の母を受取人にして信託口座を設け、母に関する質問にも喜んで答えてくれました。

彼がはじめの問題を忘れ、結局私の言うままになったのは、最初から彼に〝イエス〟とだけしか言わせない方法のおかげだと思います」

ウェスティングハウス社のセールスマン、ジョセフ・アリソンの話――

「私の受け持ち区域に、我が社の製品をぜひとも売り込みたい相手がいた。私の前任者は、十年間その男を追いかけまわしたが、駄目だった。私もこの区域を引き継いでから三年間通いつめたが、やはり駄目だった。それからさらに十年通ったあげく、やっと数台のモーターを売り込むことができた。もし、そのモーターの調子がよければ、あとからきっと数百台の注文がとれるだろうと、私は期待していた。

調子はいいに相違ない。三週間後に、私は意気揚々と彼のところへ出かけた。

ところが、行ってみると技師長は、『アリソン、君の会社のモーターはもうごめんだ』といきなり言い出した。

私は驚いて『いったいどういうわけですか?』と尋ねた。

彼は、『君の会社のモーターは、焼けすぎて、うっかり触りもできない』と言う。

逆らっても無駄だということは、長年の経験でよくわかっていた。私は相手に〝イエス〟を言わせてみようと考えた。

そこで、私は『スミスさん、あなたがそうおっしゃるのはごもっともです。本当に焼けすぎるようでしたら、そんなモーターを、もっと買ってくださいと言うほうが無理です。協会の決めた基準よりも熱くならない製品を選ぶのが当然です。そうでしょう?』と尋ねた。

彼はそうだと答えた。最初の〝イエス〟を得たわけだ。

次に私は、『協会の規格ではモーターの温度が、室内温度より四十度まで高くなることは認められていますね?』と尋ねた。

彼はまた〝イエス〟と答えた。そして『そのとおりだが、あのモーターはもっと熱くなる』と言った。

それには逆らわず、ただ『工場内の温度は何度ぐらいでしょう』と、私は尋ねてみた。

彼の答えは、二十四度見当だろうということだった。

そこで私は、『では、工場内の温度を二十四度として、それに四十度を加えると六十四度になります。六十四度の湯に手を入れると、やけどをするでしょうね?』と尋ねた。

彼はまた〝イエス〟と言わざるをえなかった。

私は『そうなると、モーターには、手を触れないように気をつけないと、やけどをしますね』と言った。

彼は、『なるほど、君の言うとおりだ』と言って認めた。それからしばらく私たちは雑談を交わしていたが、やがて彼は翌月分として約三万五千ドルの品物を注文した。

議論をすれば損をする。相手の立場で物事を考えることは、議論をするよりもかえって興味深く、しかも、比較にならぬほどの利益がある。考えてみると、私はずいぶん長い間、議論で莫大な損をしてきた」

カリフォルニア州オークランドでカーネギー・コースのスポンサーになっているエディー・スノーは、ある店の主人から、〝イエス〟を連発せざるをえないように仕向けられて、その店の常連になってしまった話をしてくれた。エディーは弓を使う狩猟をはじめ、土地の弓具店から、かなりの金を使って用具を買い入れていた。ある時、弟が訪ねてきたので、その店から弓矢一式を借りて弟と一緒に狩りをやろうと思った。ところが店員は「手前どもではレンタルはやっておりません」と断った。そこで、もう一軒の店に電話をした。その時の様子をエディーはこう話した。

「電話に出た相手は、大変感じのいい男だった。レンタルの申し入れに対する応答は、前の店とはまったく違っていた。『まことに申しわけございませんが、手前どもでは、レンタルは不経済ですので、やめさせていただいております』。そして、今までにレンタルを利用した経験があるかどうか尋ねた。『あるよ——何年か前に』『その時は、たぶん二十五ドルか三十ドルぐらいレンタル料をお支払いになったのではありませんか？』『イエス』『お金は活かして使うことが大切でしょう』『イエス』。そのあと、電話の相手は、付属品が全部ついて三十四ドル九十五セントの弓矢セットがあること、したがって、レンタル料に四ドル九十五セントだけ足せば完全なセットが買えることを私に説明した。『レンタル料を支払うことを考えれば、いい買い物だとお思いになりませんか？』。ここでも私は『イエス』と言って、結局、弓矢セットを買うことになった。そのうえ、品物を受け取りに店へ行った時、他に数点の品を買い求め、以後この店の常連になった」

人類の思想に大変革をもたらしたアテネの哲人ソクラテスは、人を説得することにかけては古今を通じての第一人者である。

ソクラテスは、相手の誤りを指摘するようなことは、決してやらなかった。いわゆる〝ソクラテス式問答法〟で、相手から〝イエス〟と言う答えを引き出すことを主眼としていた。まず、相手が〝イエス〟と言わざるをえない質問をする。次の質問でもまた〝イエス〟と言わせ、次から次へと〝イエス〟を重ねて言わせる。相手が気づいた時には、最初に否定していた問題に対して、いつの間にか〝イエス〟と答えてしまっているのだ。相手の誤りを指摘したくなったら、ソクラテスのことを思い出して、相手に〝イエス〟と言わせてみることだ。

中国の古いことわざに〝柔よく剛を制す〟というのがある。五千年の歴史を持つ民族に相応しい名言ではないか。

人を説得する原則

相手が即座に〝イエス〟と答える問題を選ぶ。

16 思いつかせる

人から押しつけられた意見よりも、自分で思いついた意見のほうを、我々は、はるかに大切にするものである。すると、人に自分の意見を押しつけようとするのは、そもそも間違いだと言える。暗示を与えて、結論は相手に出させるほうが、よほど利口だ。

こういう例がある。私の講習会にきていたフィラデルフィアのアドリフ・ゼルツの話だが、自動車販売の不振から、部下のセールスマンたちがすっかり元気を失っていたので、彼らを激励する必要に迫られ、販売会議を開いて、彼らの要求を遠慮なく発表するようにすすめた。彼らの要求事項を黒板に書きつけたあと、部下たちに向かってこう言った——

「諸君の要求は全部いれることにしよう。その代わり、私にも諸君に対して要求がある。私の要求を諸君がどうやって満たしてくれるのか、その決心を聞かせてもらいたい」

部下たちは、即座に答えた。忠誠を誓う者があるかと思えば、正直、積極性、楽天主義、チーム・ワークを約束する者、一日八時間の実働を申し出る者、なかには十四時間労働もあえていとわぬという者も出た。会議は、勇気と感激を新たにして終わり、その後、販売成績は驚異的に躍進したという。ゼルツはこう言っている——

「セールスマンたちは、一種の道義的契約を私と結んだのだ。私がその契約に従って行動する限り、彼らもまた、そのとおりに行動しようと決心したのだ。彼らの希望や意見を聞いてやったことが、起死回生の妙薬となったのだ」

人に押しつけられているのだとか、命令されているのだとかいう感じは、誰にしろ嫌なものだ。それよりも、自主的に行動しているのだという感じのほうが、はるかに好ましい。自分の希望や欲望や意見を人に聞いてもらうのはうれしいものだ。

ユージン・ウェッソンの例を引いて考えてみよう。彼はこの真理を会得するまでに、手数料を数千ドル儲け損なった。ウェッソンは、織物製造業者に意匠を供給するスタジオに下絵を売り込むのが商売だった。彼は、ニューヨークのある一流デザイナーを、三年間、毎週訪問していた。ウェッソンが語るには——

「彼はいつも会ってくれたが、決して買ってはくれない。私のスケッチを入念に見て、必ず『駄目ですね、ウェッソン君。今日のはどうも気に入りません』と言う」

百五十回失敗を重ねた末、ウェッソンは、頭を切り換える必要があると思った。そこで彼は、人を動かす法についての講習会に、週一回出席する決心をした。そして、新しい考え方を学び、新たな熱意を奮い起こした。

彼は新しいやり方を試すために、未完成の絵を数枚持って買い手の事務所へ駆けつけた。「実は、ここに未完成のスケッチを持ってきていますが、これをどういうふうに仕上げたら、あなたのお役に立つでしょうか？　差し支えなければ、教えていただきたいと思います」

そう言って彼が頼むと、デザイナーはスケッチを無言のまま眺めていたが、やがて「ウェッソン君、二、三日預かっておくから、もう一度来てください」と言った。

三日後、ウェッソンは再びデザイナーを訪ね、いろいろと意見を聞いた上、スケッチを持ち帰り、注文どおりに仕上げた。その結果は、もちろん全部買い上げということになった。

それ以来、このデザイナーはたくさんのスケッチをウェッソンに注文している。デザイナーのアイディアに従って描かれたことは言うまでもない。ウェッソンはこう言っている——

「何年間も売り込みに失敗していたのも無理のない話だと、ようやくわかった。それまで私は、こちらの意見を押し売りしようとしていたのだ。今は逆に相手に意見を述べさせている。相手は自分がデザインを創作しているつもりになっている。事実、そのとおりなのである。だからこちらが売りつける必要はない。相手が買うのだ」

セオドア・ルーズヴェルトがニューヨーク州の知事をやっていた頃、素晴らしい離れわざを演じてみせたことがある。政治ボスたちと仲よくして、しかも彼らの一番嫌がっていた改革を断行したのだ。

その時のやり方を紹介しよう——

重要なポストを補充する時には、彼はボスたちを招いて候補者を推薦させた。ルーズヴェルトはそれについて、次のように説明している——

「ボスたちが最初に持ち出す人物は、たいてい党で面倒を見てやらねばならないような、ろくでもない人間だ。私は、そういう人物は市民が承知しないから駄目だろうと言ってやる。

二番目に彼らが推薦する人物も、どうせ党の手先で、可も不可もない役人の古手だ。私はボスたちに、もっと市民に納得のいく、適任者を探してくれと頼む。

三番目は、どうやら合格に近いが、今ひと息というところ。

私はボスたちの協力に感謝して、もう一度だけ考え直してくれと頼む。すると四番目は、いよいよ私の意中の人物と合致する。そこで彼らに感謝して、その男を任命することになる。つまり、彼らに花を持たせてやるわけだ。最後に、私は彼らに向かって『あなた方に喜んでいただくためにこの人物を任命しますが、次はあなた方が私を喜ばせてくださる番ですね』と言ってやる」

事実彼らは、ルーズヴェルトを喜ばせることになった。彼らは文官勤務法案とか、独占税法案などという大改革案を支持したのである。

要するに、ルーズヴェルトのやり方は、相手に相談を持ちかけ、できるだけその意見を取り入れて、それが自分の発案だと相手に思わせて協力させるのだ。

相手の発案だと思わせて、こちらに協力させるやり方は、ビジネスや政治の世界だけでなく、家庭内でも効果がある。オクラホマ州タルサのポール・デイヴィスがこれを応用した話を紹介しよう。

「先日、我が家では、これまでにない最高の休暇旅行を楽しんだ。私自身は、ゲティスバーグやフィラデルフィアのインディペンデンス・ホール、それに首都ワシントンなど、名所旧跡を訪ねたかった。バレー・フォージ、ジェイムズタウン、そして植民時代をそっくり再現したウィリアムズバーグの町などは、かねてから私の憧れの的だった。

三月頃、妻のナンシーは、夏休みの計画として、アメリカ西部のニューメキシコ、アリゾナ、カリフォルニア、ネバダなど各州の名所めぐりをしてみたいと私に話した。もう何年も夢見ていた旅行だという。だが、この二つを両方とも実行できるはずはない。

娘のアンは、中学校でアメリカ史の課程を終えたばかりで、自分の国の歴史に興味を持っていた。そこで、私が、『どうだ、夏休みに、お前が学校で習った歴史に関係ある土地を訪ねてみては』と言うと、娘は一も二もなく賛成した。

それから二、三日後のこと、夕食の席に一家が揃ったところで、妻のナンシーは、夏休みには皆で東部の各地を旅行したいと言い出した。特にアンにとっては素晴らしい勉強になるし、他の者にとっても意義のある旅行になるというのである。全員が賛成したことは、言うまでもない」

これと同じ心理を応用して、あるX線装置製造業者が、ブルックリンの大病院に自社製品を売り込んだ。この病院は増築中で、アメリカ随一のX線科を創設しようとしていた。それぞれ自社製品の能書きを並べ立ててX線装置を売り込もうと押し寄せてくるセールスマンの群れに、X線科担当のL博士は、ほとほと手を焼いていた。

なかに巧妙な業者がいた。彼は、他の業者とはくらべものにならないほど巧みに人間の心理をとらえた、次のような手紙をL博士に届けたのである——

「当社では最近X線装置の最新型を完成いたしました。ちょうど今第一回の製品が事務所に到着したところです。もちろん今回の製品も完全なものとは決して思っておりません。今いっそう改良に努力したいと考えております。つきましては、大変ご迷惑とは存じますが、一度、先生のご検分を賜わり、改良の方法につきご意見をお聞かせ願えれば、このうえもない幸せと存じます。ご多忙のことと存じますので、ご一報くだされば、いつなりともお迎えの車を差し向ける用意をいたしております」

講習会で、L博士はこの時の話をした。

「この手紙は意外だった。意外であると同時にうれしくもあった。私はそれまで、X線装置製造業者から意見を求められたことは一度もなかった。この手紙は、私に重要感を与えたのである。その週は毎晩約束があったが、その装置を検分するために、ある晩の約束を取り消した。その装置は、見れば見るほど、気に入った。

私はそれを売りつけられたのではない。病院のためにその装置を買うことにしたのは、私の気持ちが自発的に動いたからである。その装置の優秀さにほれ込んで、契約を結んだのだ」

ウッドロー・ウィルソンが大統領在任中、エドワード・ハウス大佐は、国内および外交の諸問題について大きな影響力を持っていた。ウィルソンは重要問題の相談相手として、ハウス大佐を閣僚以上に信頼していた。

大佐はどういう方法で大統領の信頼を勝ち得たか？　さいわい大佐自身がアーサー・スミスにそれを打ち明け、スミスはサタデー・イブニング・ポスト誌に、そのことを書いている。

「ハウス大佐は、大統領について次のように語っている――『大統領を知るようになってから、気がついたことだが、彼をある考えに導くには、それを何気なく彼の心に植えつけ、彼に関心を持たせるようにすることが、一番いい方法だった。つまり、彼が自主的にそれを考えついたと思わせるようにすることだ。最初、私はふとしたことからこのことを知るに至った。ある日、私はホワイト・ハウスに大統領を訪れ、ある問題について論じ合った。彼はどうやら反対のようだった。ところが数日後、晩餐会の席上で彼の発表した意見が、前に私が彼に話したのと、そっくり同じだった。これには私も驚いた』」

そこで、ハウス大佐は「それは、大統領のご意見ではないでしょう。もともと私の意見です」と反論しただろうか？　大佐は、決してそうは言わなかった。役者が一枚上だった。大佐は名よりも実を欲した。その意見は、どこまでも大統領のものと、大統領自身にも、また他の者にも思わせておいた。大統領に花を持たせたのだ。

我々の交渉相手は、皆この話のウィルソンと同じ人間と考え、ハウス大佐の方法を大いに利用すべきである。

数年前のことだが、カナダのニューブランズウィック州に住む一人の男が、この手を使って、私をひいき客の一人にしてしまった。その時の話はこうだ。私は魚釣りと舟遊びを兼ねてニューブランズウィックへ出かける計画を立て、旅行案内所に問い合わせの手紙を出した。こちらの住所氏名がリストに載ったのだろう、たちまち山の家や案内所から無数の案内書やパンフレットが殺到した。いったいどれがいいのか、さっぱりわからない。ところが、ある山の家からきた案内状にとても気の利いたのがあった。その案内状には、かつてその山の家に泊まったことのあるニューヨーク在住の人たちの名前と電話番号がずらりと並べてあって、その人たちに電話で、その山の家の様子を問い合わせてみてくれるようにと書いてあった。

驚いたことに、その名簿の中に知人の名が出ているではないか。私は早速、その知人に電話をかけて問い合わせた。そして、その山の家に予約を申し込んだ。

他の者は、私に売りつけようとしたのだが、この山の家の主人は、私に買いたくなる気持ちを起こさせたのだ。彼の勝ちだ。

二千五百年前に、中国の賢人老子が、現代にも通用する言葉を残している。「川や海が数知れぬ渓流の注ぐところとなるのは、身を低きに置くからである。そのゆえに、川や海はもろもろの渓流に君臨することができる。同様に、賢者は、人の上に立たんと欲すれば、人の下に身を置き、人の前に立たんと欲すれば、人の後ろに身を置く。かくして、賢者は人の上に立てども、人はその重みを感じることなく、人の前に立てども、人の心は傷つくことがない」

人を説得する原則

相手に思いつかせる。

17 美しい心情に呼びかける

私の生家の近くに有名な悪党ジェシー・ジェイムズの住んでいた農園があった。この農園にはその頃ジェシーの息子が住んでいた。私は息子の妻から、ジェシーが列車や銀行を襲った時の様子や、奪った金を近隣の貧しい農民たちに与えた話などを聞いた。

ジェシー・ジェイムズも、二丁ピストルのクローレー、アル・カポネといったギャングの〝ゴッドファーザー〟たちと同じく、自分では理想主義者だと思っていたらしい。あらゆる人間は、自分自身を立派な没我的な人物だと思いたがるのだ。

アメリカの大銀行家であり、美術品収集家として有名なJ・P・モルガンは、人間の心理を分析して「通常、人間の行為には二つの理由がある。一つは、いかにも美しく潤色された理由、もう一つは真実の理由である」と言っている。

真実の理由は、他の者がとやかく言わなくても、当人にはわかるはずだ。人間は誰でも理想主義的な傾向を持ち、自分の行為については、美しく潤色された理由をつけたがる。そこで、相手の考えを変えるには、この美しい理由をつけたがる気持ちに訴えるのが有効だ。

これをビジネスに応用するとどうなるか。ペンシルバニア州グレノルデンでアパートを経営しているハミルトン・ファレルの経験を聞こう。ファレルのアパートに、契約期限の四カ月前に、どうしても引っ越すという男がいた。以下ファレルが私の講習会でした話――

「この一家は、私のアパートで冬を過ごしていた。冬は一年中で最も経費のかかる時期だ。秋になるまでおそらく新しい入居者は見つからないだろう。つまり、私にしてみれば、秋までの家賃収入がふいになってしまうわけだ。私は腹が立った。

普通なら、私は契約書をつきつけて、無理に引っ越すというなら契約期間全部の家賃を払っていけ、とおどかしたことだろう。法的な問題はなく、よほどそうしようかと思った。だが、そういう大騒ぎをしないで済む方法はないかと考え、次のように言ってみた。『お話はよくわかりましたが、私にはどうしてもあなたが引っ越されるとは思えません。長い間この道で苦労した私には、人を見る目ができていますが、あなたは約束を破るような人ではないと見抜いています。これだけは、賭けをしてもいいと思います』

私は、さらに言葉を続けて、こう言った。『ところで、一つお願いがあるのですが、この問題はそのままそっとしておいて、二、三日後に改めて考えていただけないでしょうか？それでもなお、お気持ちが変わらないようでしたら、あなたのお考えどおりにいたしましょう。私の判断が間違っていたとあきらめるより仕方がありません。とにかく、あなたは約束を反古になさるような方ではないと、固く信じていますが、互いに人間のことですから、思い違い、考え違いもあるかもしれません』

数日後、その男は自分で家賃を払いにきた。彼は妻とよく相談して、引っ越しを思いとどまることにしたらしい。結論は、やはり契約を実行することが人間として一番大切だということになったそうだ」

ノースクリフ卿（一八六五―一九二二、イギリスの新聞業者）は、ある時、公開したくない自分の写真が新聞に出ているのを見つけて、その編集長に手紙を書いた。しかし、「私の気に入らないから、あの写真は、以後、新聞に発表しないでくれ」とは書かなかった。彼はもっと美しい気持ちに訴えた。誰もが抱いている母への尊敬と愛情に訴えて、「あの写真は、もう新聞に発表しないでいただきたい――母が大変嫌がるものですから」と書いたのだ。

ロックフェラー二世も、彼の子供たちの写真が新聞に出ることを防ぐために、人間の美しい心情に訴えた。「子供たちの写真を新聞に発表することは、この私が不賛成だ」とは言わず、幼い子供たちを傷つけたくないという万人共通の心情に訴えた――「あなた方の中にも子供のある方がいておわかりだと思いますが、あまり世間が騒ぎ立てるのは、子供にとってかわいそうです」

サイラス・カーティスは、有名なサタデー・イブニング・ポスト誌とレディーズ・ホーム・ジャーナル誌の創始者だが、メーン州の貧家に生まれ、巨万の富をなした立志伝中の人物である。最初、彼は他社並みの原稿料を払う能力がなかった。まして一流の作家に払うほどの原稿料はとても出せなかったので、相手の美しい心情に訴えることを考えた。たとえば、当時の流行作家オルコット女史には、ぜひ原稿を書いてもらいたいと頼んで、百ドルの小切手を書いたが、その小切手は、彼女自身に渡したのではなく、彼女が熱心に支持している慈善団体へ送って、成功した。

読者の中には、「そういう手は、ノースクリフやロックフェラーや感傷小説の作家にはうまくいくかもしれないが、手ごわい相手から貸金の取り立てをするような場合に、果たして通用するだろうか」と疑う人があるかもしれない。

もっともな話だ。役に立たない場合もあるだろうし、人によっては通用しないかもしれない。もしあなたがこれ以上の方法を知っていて、その結果に満足しているなら、別にこんな方法を用いる必要はない。しかし、そうでないのなら、一度これを試してみてはどうだろうか。

いずれにしても、次の話はジェイムズ・トーマスという男が、私の講習会で発表した体験談だが、なかなか興味がある――

ある自動車会社で、修理代を払おうとしない客が六人いた。請求額全部について不承知な客はいないのだが、それぞれ、一部が不当だと言う。会社は修理のたびごとにサインを取っているのだから、絶対に間違いはないと信じ、かつ信じたとおりに客に言った。それがそもそも間違いだった。

つまり、集金係は次のような方法で未払い金の取り立てを行なったが、果たしてそれでよかったのだろうか——

一、各顧客を訪ねて、請求書を届けてから何カ月にもなるのだから、今月は支払っていただきたいと正面からぶつかった。

二、請求書は絶対に間違っていない——したがって間違っているのはお客のほうだと、はっきり説明した。

三、自動車のことは、会社のほうが客よりもはるかによく知っている——だから、議論の余地はないと説明した。

四、その結果は——激しい議論になった。

こういうやり方で、客が勘定を払うかどうか、考えてみれば誰でもわかるだろう。

集金係はいよいよ法的な手段に訴えようとしたが、おりよく支配人がこれに気づいた。支配人が調査した結果、問題の客は、いずれも、普段は金払いがいい客だとわかった。どこかに間違いがあるのだ。集金の方法に何か根本的な誤りがあるのだろう。支配人はトーマスを呼んで、この問題を解決するように命じた。

トーマスのとった手段は次のとおりだった——

一、遅滞している修理代には一言も触れず、ただ、これまでの会社のサービス状態を調査したいから訪ねたのだと言った。

二、顧客の話を全部聞いてみないことには、私としてもどう考えていいかわからないのだとはっきり伝え、会社側にも手落ちがあるかもしれないと言った。

三、私が知りたいのは顧客の車のことで、あなたの車についてはあなたが誰よりも一番よく知っており、あなたこそまさに権威だと言った。

四、相手にしゃべらせ、相手の期待どおりに同情と興味を持って、その言葉に耳を傾けた。

五、やがて、相手が冷静になったのを見定め、顧客の公正な判断に訴えた。つまり、彼の美しい心情に呼びかけたのである。「私どもが至らぬためにご迷惑をかけてまことに済みません。集金人の態度には、さぞお気を悪くされたことと思います。まったくけしからぬ話です。会社の代表として深くおわびいたします。お話をうかがって、あなたの公正で寛容なお人柄にすっかり感心しました。実はお願いがあるのですが、これはあなたでないとできない、そして、あなたが一番よく知っていらっしゃることなのです。ほかでもございませんが、この請求書です。これをあなたに訂正していただければ、私も安心できます。あなたが私どもの会社の社長になったつもりで訂正してください。万事おまかせして、ご訂正どおりに取りはからわさせていただきます」

これが、見事に功を奏した。六人の客のうちただ一人だけ、あくまでも間違いだと言い張って一部の代金を払わないのがいたが、他の五人は皆、気持ちよく全額を払った。さらに特筆大書すべきことは、その後二年間に、この六人の客から、それぞれ新車の注文を会社は受けたのである。

トーマスは、これについてこう言っている――

「相手の信用状態が不明な時は、彼を立派な紳士と見なし、そのつもりで取引を進めると間違いがないと、私は経験で知っている。要するに、人間は誰でも正直で、義務を果たしたいと思っているのだ。これに対する例外は、比較的少ない。人をごまかすような人間でも、相手に心から信頼され、正直で公正な人物として扱われると、なかなか不正なことはできないものなのだ」

人を説得する原則

人の美しい心情に呼びかける。

PART

4

人を変える原則

HOW TO
ENJOY
YOUR LIFE
AND
YOUR JOB

「怒りや反感を買うことなく人を変えたい」と思うなら、
まずその人物を尊重し、
受け入れることからはじめなければならない。
相手の反応はこちらの態度次第である。

18 遠まわしに注意を与える

チャールズ・シュワッブがある日の正午に工場を見まわっていると、数人の従業員が煙草を吸っているのに出くわした。彼らの頭上には〝禁煙〟の掲示が出ている。シュワッブはその掲示を指さして「君たちは、あの字が読めないのか」と言っただろうか？　シュワッブはそんなことは絶対に言わない。その男たちのそばへ行って、一人一人に葉巻を与え、「さあ、皆で外へ出て吸ってきたまえ」と言った。もちろん彼らが禁を破って悪いと自覚しているのを、シュワッブは見抜いていたが、それには一言も触れないで、心尽くしの葉巻まで与え、顔を立ててやったのだから、彼らに心服されるのは当然の話である。

ジョン・ワナメーカーもこれと同じやり方をした。ワナメーカーは一日一度は、フィラデルフィアの彼の店を見まわることにしていたが、ある日、一人の顧客がカウンターの前で待たされているのを見つけた。誰もその婦人に気がつかない。店員は向こうの隅に集まって、何かしきりに笑い興じている。ワナメーカーは何も言わずに、そっと売り場の中に入って、注文を聞き、品物の包装を店員に頼んで、そのまま行ってしまった。

公職についている人々は、選挙民の相談になかなか応じてくれないと、よく苦情を言われる。確かに彼らは多忙だが、容易に会えない理由の一つは、その秘書たちが、上司のためを思って、あまり多数の訪問客に会わせないように気を配るからである。フロリダ州オーランドの市長を長年務めているカール・ラングフォードは、自分に面会を求める人々には極力その希望をかなえるよう部下に指示を与え、〝門戸開放〟が自分の方針だと公言していた。ところが、市民たちが市長に面会を求めると、いつも秘書や役人たちが門前払いをする。

市長は、この問題の解決策として、市長室のドアを取り外させた。これで、市長の真意が遠まわしに下僚に伝わり、市民に開かれた行政が実施されることになったのである。

人の気持ちや態度を変えようとする場合、ほんの一言の違いが、成功と失敗の分かれ目になることがある。

人を批判する際、まずほめておいて、次に〝しかし〟という言葉をはさんで、批判的なことを言いはじめる人が多い。たとえば、子供に勉強させようとする場合、次のように言う。

「ジョニー、お父さんもお母さんも、お前の今学期の成績が上がって、本当に鼻が高いよ。しかし、代数をもっと勉強していたら、成績はもっと上がっていたと思うよ」

この場合、〝しかし〟という一言が耳に入るまでジョニーは激励されて気をよくしていただろう。ところが、〝しかし〟という言葉を聞いたとたん、今のほめ言葉が果たして本心だったのかどうか疑いたくなる。信頼感が鈍り、勉強に対するジョニーの態度を変えようとする狙いも失敗に終わる。結局は批判するための前置きにすぎなかったように思えてくる。

この失敗は〝しかし〟という言葉を、〝そして〟に変えると、すぐに成功に転じる。

「ジョニー、お父さんもお母さんも、お前の今学期の成績が上がって、本当に鼻が高いよ。そして、来学期も同じように勉強を続ければ、代数だって、他の課目と同じように成績が上がると思うよ」

こう言えば、ジョニーは、ほめ言葉のあとに批判が続かないので、素直に耳を傾けるだろう。これで、ジョニーに変えさせようとした問題点が遠まわしに知らされたことになり、その結果、彼は期待にこたえようと努力するだろう。

遠まわしに注意を与える方法は、直接批判されることに強く反発する神経質な人たちには、驚くほど効果がある。ロードアイランド州ウーンソケットのマージ・ジェイコブという女性が、住宅の建て増しにきた、だらしない職人たちに、後片づけをさせた話をしてくれた。

工事がはじまって最初の二、三日、ジェイコブ夫人が仕事から帰ってみると、庭は材木の切れ端が散らばってひどいありさまだった。彼女は苦情を言いたかったが、職人たちがいい仕事をしてくれるので、喧嘩はしたくなかった。そこで、職人が帰ったあと、子供たちと一緒に木屑を拾い集め、きれいに庭の隅に積んでおいた。次の朝、現場監督の男を脇に呼んで言った。

「昨日は、あなた方の後始末がとてもよくて、きれいに片づいていたので、お隣から苦情も出なかったし、とても喜んでいます」

その日から、職人たちは後片づけをするようになり、仕事が終わると、監督がやってきて、片づいた庭を点検してくれるというのが日課になった。

名説教で知られたヘンリー・ビーチャー師が死んだのは、一八八七年三月八日だった。その次の日曜日には、ビーチャー師の後任としてライマン・アボットが教会に招かれ、初の説教をすることになった。名説教師の後任とあって、彼は懸命になって説教の草稿を書き、細心の注意を払って推敲を重ねた。

出来上がると、それを、まず妻に読んで聞かせた。だいたい原稿を読み上げるような演説は、たいてい面白くないものだが、これもその例に漏れなかった。ところが、彼の妻は賢明だった。

「面白くないわ。駄目ですよ。聞いている人が眠ってしまいますよ。まるで百科事典を読んでいるみたい。長年説教をやっていて、それくらいのこと、わかりそうなものよ。もっと人間らしく、自然にやれないものかしら。そんなものをお読みになると、恥をかきますよ」

こんなことは言わなかった。もし言ったとすれば大変だっただろう。

「『北米評論』にお出しになれば、きっといい論文になるでしょう」

彼女は、ただそう言っただけだった。つまり、ほめると同時に、演説には向かないことを、遠まわしにほのめかしたのだ。彼にもその意味がわかった。苦心の草稿を破り捨て、メモすらも用いずに説教をした。

人を変える原則 **遠まわしに注意を与える。**

19 自分の過ちを話す

私の姪にジョセフィーン・カーネギーという娘がいる。カンザス・シティーの両親のもとを離れて、ニューヨークへ私の秘書としてやってきた。その三年前に土地の高校を終えた十九歳の乙女で、勤めの経験は皆無に等しかった。今でこそ彼女はまれに見る優秀な秘書と言えるが、はじめの頃は、へまばかりやっていた。ある日のこと、私は彼女に小言を言おうとした。だが、思い直して自分にこう言い聞かせた。

「ちょっと待った。デール、お前はジョセフィーンより倍の年上ではないか。それに仕事の経験は彼女の何万倍も持っている。彼女にお前と同じ能力を期待するのがもともと無理だ——もっとも、お前の能力といったところでたいしたものではないのだが。第一、お前は十九の時どんなことをやっていたか、思い出してみろ。へまばかりやっていたではないか」

正直に、そして公平に考えてみると、当時の私よりも彼女のほうが、野球で言えば、打率が高いという結論に達した——私よりも打率が高いということは、あまりほめたことにはならないのだが。

それ以後、彼女に小言を言う時は、次のようにやることにした——

「ジョセフィーン、これはいけないよ。しかし、まあ、私が今までにやった失敗にくらべると、これくらいは物の数ではないさ。はじめは間違うのが当たり前だよ。経験を積んではじめて間違いもなくなるのだ。私の若い頃にくらべれば、今のお前のほうがよほどましだ。私はずいぶんへまをやった覚えがあるから、お前に小言を言う気にはなれないが、どうだろう——こんなふうにしてみては……」

人に小言を言う場合、謙虚な態度で、自分は決して完全ではなく、失敗も多いがと前置きして、それから間違いを注意してやると、相手はそれほど不愉快な思いをせずに済むものだ。

カナダのマニトバ州ブランドンの技師、E・ディリストンは、新しく雇い入れた秘書に手紙をタイプさせると、一ページに必ず二、三カ所の誤りがあるので困っていた。この問題の処理について、ディリストンは次のように報告している。

「技術者の例に漏れず、私も文章や綴りについては、自信がなく、何年も前から、綴りの難しい言葉を書き込んだ単語帳をつくって持ち歩いている。ミスを指摘するだけでは、この秘書に、よく読み合わせたり、辞書を調べたりする習慣をつけることなどできそうもないと気づいて、別の手を使うことに決めた。ある日、この秘書がタイプした手紙を見ると、例によってミスがある。そこで私は彼女に次のような話をした。

『この単語は、どうも綴りが怪しいように思うのだが、実を言うと、この単語には私自身いつも悩まされる。それで、私はこの単語帳を調べるんだ［ここでそのページを広げて彼女に見せる］。ほら、ここにある。私は単語の綴りにはとても気を遣っている。世間の人は、私たちの手紙で私たちのことを判断するらしいからね。手紙に綴りの間違った単語があると、私たちの技術にもどこか欠陥があるような印象を与えるんだよ』

彼女が単語帳をつくったのかどうかは知らないが、このことがあって以来、彼女のミスは目立って減った」

ドイツ帝国最後の皇帝、高慢、尊大なウィルヘルム二世のもとで、首相を務めていたフォン・ブロウ公は、この方法の必要を身にしみて感じた。当時のウィルヘルム皇帝は、膨大な陸海軍を擁して天下無敵を誇っていた。

そのうちに大変な騒動が起こった。イギリス訪問中の皇帝が大変な暴言を吐いて、それをデイリー・テレグラフ紙に公表させたのだ。たちまちイギリス国中の憤激を買い、ドイツ本国の政治家たちも、皇帝のひとりよがりには啞然としてしまった。たとえば、彼はイギリスに好意を持つ唯一のドイツ人だとか、日本の脅威に対して大海軍を建設したとか、イギリスがロシアとフランスから攻撃を受けずに安心していられるのは、彼のおかげだなどと言い、また、ボーア戦争にイギリスのロバーツ卿が勝利を得たのも、やはり彼のおかげだとも言った。

あまりにも問題が大きくなったので、さすがの皇帝も驚いた。そして、フォン・ブロウに責任を転嫁しようとはかった。つまり、皇帝はフォン・ブロウの言うがままにしゃべったのだから、責任はフォン・ブロウにあると宣言しろというわけだ。

「陛下、私に陛下を動かしてあのようなことを言わせる力があると信じる人間は、イギリスにもドイツにも一人もいないと思いますが……」

フォン・ブロウはそう答えた瞬間、しまったと思った。皇帝が烈火のごとく怒り出した。

「お前は、わしを馬鹿者扱いにするのか！　お前なら絶対にやらない失敗を、わしがやったと言うのか！」

フォン・ブロウは、責める前にほめなければならなかったと気がついたが、あとの祭りだ。彼は次善の策を講じた。責めたあとでほめたのである。これが、見事な奇跡を生んだ。

彼はうやうやしくこう言った――

「私は決してそんな意味で申し上げたのではございません。陛下はご賢明で、私ごとき者の遠く及ぶところではありません。陸海軍のことはもちろん、自然科学についてのご造詣の深さは、驚くほかございません。陛下はよく気圧計や無線電信、X線などの説明をしてくださいましたが、私はそのたびに賛嘆するのみでございました。私はその方面のことは、恥ずかしいほど何も知りません。単純な自然現象すら説明できないのです。ただ、歴史の知識を少々と、政治、特に外交に役立つ知識を多少持っているだけでございます」

皇帝の顔がほころびた。フォン・ブロウがほめたからだ。フォン・ブロウは皇帝を持ち上げて、自分をこきおろしたのだ。こうなると、皇帝は、どんなことでも許してくれる。「いつもわしが言っているとおり、お互いに助け合ってうまくやろうではないか。しっかり手を握り合って進むのだ」

皇帝のご機嫌は、すっかり直ってしまった。

皇帝は、フォン・ブロウの手を何度も握り締めた。しまいには、熱を込めて「フォン・ブロウの悪口を言うやつは、ひどい目にあわせるぞ」とまで言った。

フォン・ブロウは危ないところを助かった。しかし、彼ほどの抜け目のない外交家も、やはり失敗したわけである。まず最初に、自分の短所と皇帝の長所とを述べなければならなかったのに、逆に皇帝を馬鹿者扱いにしたのだ。

この例を見ても明らかなように、謙遜と賞賛は、我々の日常の交際にも、大きな効果を発揮することができるはずだ。正しく応用すれば、人間に奇跡を生み出すこともできるだろう。

自分自身の誤りを認めることは——たとえその誤りを正さず、そのままにしておいても——有効である。メリーランド州ティモニアムのクラレンス・ゼルーセンが、これを証明した。十五歳の息子が煙草を吸っているのを発見した時のことだ。ゼルーセンはこう語った。

「もちろん、息子のデイヴィッドには煙草など吸ってもらいたくない。だが、彼の母親も父親の私も、煙草を吸っている。つまり、ふた親とも悪い手本を見せてきたわけだ。私は、彼と同じ年頃に煙草を吸いはじめ、ニコチンのとりことなって、今ではもうやめられなくなっていることを説明した。私がどんなに咳に悩まされているか、息子も知っているはずだ。そして、私に煙草をやめさせようとして、いろいろと気を遣ってくれたのは、ほんの数年前ではなかったかと、彼に話した。

私は煙草をやめさせようとしておどしたり、煙草の害を説いたりはしなかった。煙草の誘惑に負け、そのために多大の損をしたと自分の誤りを認めただけだった。

デイヴィッドはしばらく考えていたが、やがて、高校を卒業するまでは煙草を吸わないと決心した。その後、何年たっても、煙草を吸おうとせず、今後も吸う気はない。

デイヴィッドと話した結果、私自身も煙草をやめる決心がつき、家族の協力もあって、禁煙に成功した」

人を変える原則

まず自分の誤りを話したあと相手に注意する。

20 命令をしない

私はかつて、アメリカで一流の伝記作家、アイダ・ターベル女史と食事をともにした。私が『人を動かす』を執筆中だと彼女に言うと、話題は人間関係の諸問題に移り、活発な意見が交換された。

彼女は、オーウェン・ヤングの伝記を書いている時、ヤングと三年間同じ事務所に勤めていたという男に会って、ヤングのことをいろいろ聞いたという。それによると、ヤングは誰に向かっても決して命令的なことは言わなかったそうだ。命令ではなく、暗示を与えるのだ。「あれをせよ」「そうしてはいけない」などとは決して言わなかった。「こう考えたらどうだろう」「これでうまくいくだろうか」などといった具合に相手の意見を求めた。手紙を口述して書かせたあと、彼は「これでどう思うかね」と尋ねていた。彼の部下が書いた手紙に目を通して「ここのところは、こういう言い方をすれば、もっとよくなるかもしれないが、どうだろう」と言うこともよくあった。彼はいつも自主的に仕事をやらせる機会を与えたのだ。決して命令はせず、自主的にやらせる。そして、失敗によって学ばせた。

こういうやり方をすると、相手は自分の過ちが直しやすくなる。また、相手の自尊心を傷つけず、重要感を与えてやることにもなり、反感の代わりに協力の気持ちを起こさせる。

押しつけがましい命令は、あとにしこりを残す。たとえそれが、明らかな誤りを正すためであっても、そうだ。ペンシルバニア州ワイオミングの職業学校で教師をしているダン・サンタレリが、学生の不法駐車で学校の作業場の出入口がふさがれた時の様子を報告している。

同僚の教師がサンタレリ先生の教室へどなり込んだ。

「入口に置いてある車は誰のだ?」

学生の一人が自分のだと答えると、金切り声を上げた。

「車をどけろ! 今すぐにだ。ぐずぐずしてると車に鎖を巻いて引きずり出すぞ」

確かに悪いのはその学生だ。置いてはいけない場所に車を置いたのだ。しかしこの日から、当の学生が反発したばかりか、同じクラスの学生全員がことごとにその教師を困らせはじめ、学校勤めを不愉快きわまりないものにしてしまった。

この教師の場合、他に対処する方法はなかったのだろうか? もっと穏やかに車の持ち主を訪ね、

「あの車をのけてくれたら、他の車の出入りが楽になるんだが、どうだろう」

と、持ちかけたら、その学生は喜んで車を移し、他の学生まで怒らせることもなく済んだのではなかろうか。

命令を質問の形に変えると、気持ちよく受け入れられるばかりか、相手に創造性を発揮させることもある。命令が出される過程に何らかの形で参画すれば、誰でもその命令を守る気になる。

南アフリカのヨハネスブルグに住むイアン・マクドナルドは、精密機械部品を専門に製作する小さな工場の支配人だが、ある時、非常に大きな注文が取れそうだった。ところが、指定の期日までに納入する自信がなかった。工場ではすでに予定がぎっしり詰まっている。指定の納期は守れそうもない。この注文は、引き受けること自体無理ではないかと思われた。

マクドナルドは、従業員に命令して突貫作業を強行するのではなく、まず全員にいきさつを説明する方法を選んだ。この注文が無事納入できたら、従業員にとっても、会社にとっても、はかり知れないほどの意義があることを話して聞かせたのである。話が終わると、次のような質問をした。

「この注文をさばく方法があるのか？」

「この注文を引き受けて納期に間に合わせるには、どんなやり方があるか？」

「作業時間や人員配置をどうしたらよいか？」

従業員は次々とアイディアを提供し、会社はこの注文を引き受けるべきだと主張した。

こうして、従業員は自信のある積極的な姿勢でこの問題に臨み、会社は注文を引き受け、製作し、そして期限を守った。

人を変える原則

命令をせず、意見を求める。

21 顔をつぶさない

ある時、ゼネラル・エレクトリック社は、チャールズ・スタインメッツ部長の異動という微妙な問題にぶつかった。スタインメッツは電気にかけては一流の人物だが、企画部長としては不適任だった。会社としては彼の感情を害したくなかった。事実、彼は必要欠くべからざる人物だが、一面非常に神経質な男だった。そこで、会社は新しい職名を設けて彼をその職に任命した。〝ゼネラル・エレクトリック社顧問技師〟というのがその職名である。といっても、仕事は別に変わらない。そして、部長には、別な男をすえた。

スタインメッツも喜んだ。

重役たちも喜んだ。あれほどの気難し屋を、顔を立てることによって、無事に動かしえたのだ。

相手の顔を立てる！　これは大切なことだ。しかも、その大切さを理解している人は果たして何人いるだろうか？　自分の気持ちを通すために、他人の感情を踏みにじっていく。相手の自尊心などはまったく考えない。人前もかまわず、使用人や子供を叱り飛ばす。もう少し考えて、一言二言思いやりのある言葉をかけ、相手の心情を理解してやれば、そのほうが、はるかにうまくいくだろうに！

従業員たちを、どうしても解雇しなければならない不愉快な場合には、このことをよく考えていただきたい。

マーシャル・グレンジャーという公認会計士から私にきた手紙の一節を紹介しよう。

「従業員の解雇ということは、どう考えてみても愉快なことではない。解雇される身になれば、なおさらのことだろう。我々の仕事はシーズンによって左右されることが多く、毎年、三月になると、大量の解雇者を出す。

解雇する役は決して愉快なものではない。したがって、なるべく事を簡単に処理する習慣が、我々の間ではできている。通例、こんな具合にやる。『スミスさん、どうぞおかけください。ご承知のように、シーズンも終わりましたので、あなたの仕事もなくなりました。はじめから忙しい間だけお願いする約束でしたね――』

相手は、これでかなりの打撃を受ける。突っぱなされたような気がするのだ。彼らの大部分は会計の仕事で一生を過ごす人たちだが、こんなにあっさり首を切る会社には、一片の愛情も感じない。

そこで私は、臨時雇いの人たちを解雇する際にはもう少し思いやりのある方法をとってみようと考えた。各人の成績をよく調べた上で私のところへ呼び、こう言った。『スミスさん、あなたのお仕事ぶりには、まったく感心しています（実際に彼がよく働いたとして）。ニューヨークへ出張していただいた時は、大変だったでしょう。しかし立派にやり遂げてくださったので、会社も鼻が高いわけです。あなたにはあんな実力があるのですから、どこへいらっしゃっても大丈夫でしょう。我々はあなたを信じていますし、また、できる限りのお力添えもしたいと思っています。どうぞこのことを忘れないでください』

その結果、相手は、解雇されたことをあまり苦にせず、明るい気持ちで去っていく。突っぱなされた気がしないのである。会社に仕事がありさえすれば、続いて雇ってくれたに違いないと思うからだ。会社が再度彼らを必要とした場合には、喜んで来てくれる」

ペンシルバニア州ハリスバーグのフレッド・クラークは、自分の会社で起こった事件について次のような話をした。

「生産会議の席で、副社長の一人が、ある製造工程について工場主任に意地の悪い質問をしていた。その口調は攻撃的で、手際の悪さを槍玉に挙げた。同僚の目を気にした主任の応答は煮え切らなかった。副社長はいよいよ激怒し、主任を叱りつけ、嘘つきとまでののしった。

この衝突で、これまで保たれていた両者の協力関係は一瞬にしてくずれ去った。この主任は、もともと優れた社員だったが、この時以来、会社にとっては無用の人物になってしまった。数カ月後、彼は社をやめて、競争相手の会社に入り、大いに活躍しているそうだ」

アンナ・マゾーンという女性は、これと似た事件が自分の会社でも起こったと報告している。似てはいるが、彼女の会社の場合は、扱い方も結果も全然違う。アンナは、販売部門を担当していたが、ある時、入社以来はじめての大仕事を命じられた。ある新製品のテスト販売を担当することになったのである。彼女の話を聞こう。

「テスト販売の結果が出て、それを見た時、私は愕然としました。企画の段階で大変なミスがあり、テスト販売全部のやり直しが必要なのです。おまけに、この企画について報告する予定の会議までに部長と打ち合わせをする時間がありません。

会議がはじまり、いよいよ私が報告する番になった時、私は震えが止まりませんでした。泣きくずれそうになるのを持ちこたえるのが精一杯です。まかり間違って涙をこぼしたりすれば、同僚の男性から『やっぱり女にマネジメントの仕事は無理だ。すぐ感情的になる』などと言われるに決まっている。それだけは避けようと心に決めました。私は手短に報告し、自分に手落ちがあったので、次の会議までにもう一度調査する旨を説明しました。私は腰を下ろし、部長の怒りの言葉を待ち受けました。

ところが、部長は、私の労をねぎらい、新しい企画には、ミスはつきものだと言い、再調査が正確で有意義なものになることを確信すると述べました。部長は、私を信じており、私が最善を尽くして、なお失敗したのは、能力不足ではなく、経験不足からだと、全員の前で言ってくれたのです。

会議が終わって、私は、二度と部長の期待に背くまいと心に誓いながら、胸を張って部屋を出ました」

たとえ自分が正しく、相手が絶対に間違っていても、その顔をつぶすことは、相手の自尊心を傷つけるだけに終わる。あの伝説的人物、フランス航空界のパイオニアで作家のサンテグジュペリは、次のように書いている。

「相手の自己評価を傷つけ、自己嫌悪におちいらせるようなことを言ったり、したりする権利は私にはない。大切なことは、相手を私がどう評価するかではなくて、相手が自分自身をどう評価するかである。相手の人間としての尊厳を傷つけることは犯罪なのだ」

人を変える原則

顔を立てる。

◈まとめ◈

◉『道は開ける』からの原則

1　他人の真似をするな。
2　勤務中の四つの習慣を身につけよう。
a　当面の問題に関係のある書類以外は全部机上から片づけよう。
b　重要性に応じて物事を処理すること。
c　問題に直面した時、決断に必要な事実を握っているのだったら、即刻その場で解決すること。
d　組織化、代理化、管理化することを学ぼう。
3　仕事中にくつろぐことを学ぼう。
4　仕事に熱意を傾けよう
5　厄介事を数え上げるな、恵まれているものを数えてみよう。
6　不当な非難は、しばしば擬装された賛辞であることを忘れてはならない。
7　最善を尽くそう。

●『人を動かす』からの原則

1 批判も非難もしない。苦情も言わない。
2 率直で、誠実な評価を与える。
3 強い欲求を起こさせる。
4 誠実な関心を寄せる。
5 重要感を与える――誠意を込めて。
6 相手の意見に敬意を払い、誤りを指摘しない。
7 穏やかに話す。
8 相手が即座に〝イエス〟と答える問題を選ぶ。
9 相手に思いつかせる。
10 人の美しい心情に呼びかける。
11 遠まわしに注意を与える。
12 まず自分の誤りを話したあと相手に注意する。
13 命令をせず、意見を求める。
14 顔を立てる。

あとがき

本書はデール・カーネギー『人を動かす』（How to Win Friends and Influence People）、『道は開ける』（How to Stop Worrying and Start Living）の中から、若い人々のためにそれぞれの一部を抜粋して『カーネギー人生論』として出版するものである。アメリカにデール・カーネギー・コースというビジネスマンの能力開発を目的とした研修機関があって、多くの若い人々が参加しているが、そのコースのテキストとして編集されたものを、今回刊行することになった。

『人を動かす』『道は開ける』の二著が未曾有の世界的ベストセラーになり、今なお世界各国（アメリカ、日本、イギリス、フランス、ドイツ、イタリア、ポルトガル、オランダ、スウェーデン、デンマーク、スペイン、ノルウェー、フィンランド、ギリシア、イスラエル、アイスランド、タイ、ミャンマー、ベトナム、トルコ、南アフリカ、インドネシア等）で売れ続けている理由はいろいろ考えられるが、第一に、人生にとって最も身近な問題でありながら、しかも困難な問題である〝人間関係〟と〝悩み〟を取り上げたことが考えられる。

人間の集まりである社会にあって、我々は人と接触しないでは一日も暮らせない。だから、社会生活の中にあって人間関係の調整ほど大切なものは他にない。また、〝悩み〟を持たない人間はいない。たいていの人間は、〝悩み〟が精神的にはもちろん、肉体的にもよくないことを知っている。そして、悩みが人間のエネルギーを消耗させ、自尊心を消失させることを知っている。しかし、それをどう処理すべきかについては、誰もが具体的な解決方法を発見できないままに毎日を送っている。学校でも教えてくれないこの人生の二大テーマを、カーネギーは平易に解きほぐし、その解決法を我々の前に示してくれたのである。

『人を動かす』『道は開ける』の内容は、決して耳新しい理論が書いてあるわけではない。これまでの歴史の中で、多くの人が考え、実行し、そして成功した具体例から導き出された結論が、さりげなく書かれている。理論ではないから首尾一貫、一糸乱れずというわけにはいかないが、全編を貫く精神は平明で健康で清潔である。

この本は成人式を迎えた若い人々、また学校を出て新しく社会人になろうとする人々を対象に、あるいは新入社員教育のプログラムの一部として利用されることを考えて刊行された。

本書の読者が、さらにカーネギーの全貌を知るために、全訳の二冊を読まれるよう願ってやまない。

創元社編集部

デール・カーネギー　Dale Carnegie

1888年、米国ミズーリ州の農家に生まれ、大学卒業後、雑誌記者、俳優、セールスパーソンなど雑多な職業を経て、弁論術や成人教育の講師となり、人間関係の先覚者として名をなす。不朽の名著『人を動かす』『道は開ける』など多数の著作がある。

● 本書は英語版原書「HOW TO ENJOY YOUR LIFE AND YOUR JOB」(©1985)を翻訳し、改訳を重ねた日本語版『カーネギー人生論』を文庫化したものです。

カーネギー人生論《じんせいろん》　文庫版《ぶんこばん》

二〇一六年 五 月二〇日　第一版第一刷発行

著　者　D・カーネギー

訳　者　山口《やまぐち》　博《ひろし》・香山《かやま》　晶《あきら》

発行者　矢部敬一

発行所　株式会社　創元社

〈本　社〉〒五四一-〇〇四七　大阪市中央区淡路町四-三-六

電話（〇六）六二三一-九〇一〇㈹

〈東京支店〉〒一六二-〇八二五　東京都新宿区神楽坂四-三　煉瓦塔ビル

電話（〇三）三二六九-一〇五一㈹

〈ホームページ〉http://www.sogensha.co.jp/

印刷　図書印刷

ISBN978-4-422-10108-8 C0111

創元社刊●カーネギー関連書

新装版 人を動かす　D・カーネギー著、山口博訳 電 オ 特 文
新装版 道は開ける　D・カーネギー著、香山晶訳 電 オ 特 文
新装版 カーネギー話し方入門　D・カーネギー著、市野安雄訳 電 文
新装版 カーネギー名言集　ドロシー・カーネギー編、神島康訳 文
新装版 カーネギー人生論　D・カーネギー著、山口博・香山晶訳 文
新装版 リーダーになるために　D・カーネギー協会編、山本徳源訳
新装版 自己を伸ばす　A・ペル著、香山晶訳
新装版 人を生かす組織　D・カーネギー協会編、原一男訳
セールス・アドバンテージ　D・カーネギー協会編、J・O・クロムほか著、山本望訳
D・カーネギー・トレーニング　パンポテンシア編
13歳からの「人を動かす」　ドナ・カーネギー著、山岡朋子訳
人を動かす2——デジタル時代の人間関係の原則　D・カーネギー協会編、片山陽子訳 電 オ
マンガで読み解く 人を動かす　D・カーネギー原作、歩川友紀脚本、青野渚・福丸サクヤ漫画 電
マンガで読み解く 道は開ける　D・カーネギー原作、歩川友紀脚本、青野渚・たかうま創・永井博華漫画 電

（電＝電子書籍版、オ＝オーディオCD版、特＝特装版、文＝文庫版もあります）